essentials

essentials liefern aktuelles Wissen in konzentrierter Form. Die Essenz dessen, worauf es als „State-of-the-Art" in der gegenwärtigen Fachdiskussion oder in der Praxis ankommt. *essentials* informieren schnell, unkompliziert und verständlich

- als Einführung in ein aktuelles Thema aus Ihrem Fachgebiet
- als Einstieg in ein für Sie noch unbekanntes Themenfeld
- als Einblick, um zum Thema mitreden zu können

Die Bücher in elektronischer und gedruckter Form bringen das Fachwissen von Springerautor*innen kompakt zur Darstellung. Sie sind besonders für die Nutzung als eBook auf Tablet-PCs, eBook-Readern und Smartphones geeignet. *essentials* sind Wissensbausteine aus den Wirtschafts-, Sozial- und Geisteswissenschaften, aus Technik und Naturwissenschaften sowie aus Medizin, Psychologie und Gesundheitsberufen. Von renommierten Autor*innen aller Springer-Verlagsmarken.

Weitere Bände in der Reihe https://link.springer.com/bookseries/13088

Tobias Seidl · Sarah Seidl

Selbstmanagement im Studium

Für Studierende der Geistes- und
Sozialwissenschaften

Tobias Seidl
Fakultät Information und
Kommunikation
Hochschule der Medien
Stuttgart, Deutschland

Sarah Seidl
SRH Fernhochschule
Riedlingen, Deutschland

ISSN 2197-6708   ISSN 2197-6716 (electronic)
essentials
ISBN 978-3-658-36361-1   ISBN 978-3-658-36362-8 (eBook)
https://doi.org/10.1007/978-3-658-36362-8

Die Deutsche Nationalbibliothek verzeichnet diese Publikation in der Deutschen Nationalbiblio-
grafie; detaillierte bibliografische Daten sind im Internet über http://dnb.d-nb.de abrufbar.

Planung/Lektorat: Barbara Emig-Roller
Springer VS ist ein Imprint der eingetragenen Gesellschaft Springer Fachmedien Wiesbaden GmbH
und ist ein Teil von Springer Nature.
Die Anschrift der Gesellschaft ist: Abraham-Lincoln-Str. 46, 65189 Wiesbaden, Germany

Was Sie in diesem *essential* finden können

- Eine kompakte Einführung in die unterschiedlichen Ebenen und Aspekte von Selbstmanagement
- Methoden und Ansätze zur Verbesserung Ihres eigenen Selbstmanagements
- Übungen und Reflexionshilfen zur Integration des Gelernten in den eigenen (Arbeits-)Alltag

Vorwort

Im Studium sollen Sie darauf vorbereitet werden, selbstbestimmt zu handeln, mit unklaren Problemstellungen umzugehen und lebenslang zu lernen. Um diese Ziele erreichen zu können, ist ein sinnvoller und (individuell) zufriedenstellender Umgang mit der eigenen Zeit bzw. dem eigenen Zeiteinsatz eine wichtige Voraussetzung. Gutes Selbstmanagement trägt dazu bei, dass Sie Ihre selbst gesteckten Ziele erreichen und eine höhere Lebenszufriedenheit empfinden. Damit ist es wichtig für ein gelingendes Studium und einen erfolgreichen Einstieg in den Beruf.

Seit mehreren Jahren arbeiten wir mit Studierenden verschiedenster Hintergründe in Lehrveranstaltungen und Coachings erfolgreich an der Weiterentwicklung deren Selbstmanagements. Das Feedback Ihrer Kommilitoninnen und Kommilitonen zur Frage, was ihnen wirklich hilft, hat wesentlich zur Entstehung dieses Bandes beigetragen. Hier liegt jetzt ein Best-of an Hintergrundinformationen und Methoden vor, das Sie bei der Arbeit an Ihrem Selbstmanagement unterstützen soll. Der Begriff „Arbeit" ist hier bewusst gewählt: eine Veränderung eigener Routinen und Denkweisen erreicht man nicht alleine durch Lesen oder Durchblättern, sondern durch das Reflektieren eigener Denk- und Verhaltensweisen, das Ausprobieren und das hartnäckige Dranbleiben – oder wie die österreichische Schriftstellerin Marie von Ebner-Eschenbach es formulierte: „Für das Können gibt es nur einen Beweis – das Tun." Dabei und dafür wünschen wir Ihnen viel Freude und Motivation!

Nicht nur im Hinblick auf die inhaltliche Ausgestaltung haben wir von der Beteiligung Studierender profitiert. Wir bedanken uns an dieser Stelle ganz herzlich bei Svenja Sauter (Studentin des Informationsdesigns an der Hochschule der Medien Stuttgart), deren Grafiken den Band bereichern.

Stuttgart   Tobias Seidl
im Herbst 2021   Sarah Seidl

Inhaltsverzeichnis

Über die Autoren

Tobias Seidl, Prof. Dr., Hochschule der Medien Stuttgart, Nobelstr. 10, 70569 Stuttgart, seidl@hdm-stuttgart.de

Sarah Seidl, Prof. Dr., SRH Fernhochschule Riedlingen, Kirchstraße 26, 88499 Riedlingen, sarah.seidl@mobile-university.de

Einleitung

1

Selbstmanagement hört sich in den Ohren mancher sicherlich etwas technisiert an. Sich selbst managen, braucht es das? Vielleicht hört es sich nach der Aufforderung an, sich selbst zu optimieren, zu verbessern und immer noch eine effizientere Version seiner selbst zu werden. Von dieser extremen Auffassung halten wir nichts und möchten sie auch nicht fördern. In diesem Buch geht es vielmehr darum, vom gefühlt so häufigen Hetzen von einer Aufgabe zur nächsten zum sinnvollen Planen und Umsetzen zu kommen. Denn zu wissen, welche nächsten Schritte aus welchem Grund nötig sind und dahinter Sinn zu erkennen und nicht (nur) Stress zu erleben, bringt Zufriedenheit und Selbstvertrauen mit sich.

Unter gelungenem Selbstmanagement verstehen wir die Fähigkeit:

- eigene Werte, Motive und Lebensvisionen zu (er)kennen,
- dazu passende persönliche Ziele zu definieren,
- über geeignete Methoden und Handlungsweisen zu verfügen, um diese Ziele im Alltag zu erreichen.

Die Forschung zeigt, dass ein gelungenes Selbstmanagement positive Auswirkungen auf die eigene Zufriedenheit sowie die Leistungsfähigkeit im Beruf und Privatleben hat (Weisweiler et al., 2013). Bei der Bewertung des eigenen Selbstmanagements gibt es keine „harten" Kriterien. Vielmehr geht es um Ihre subjektive Einschätzung.

Haben Sie das Gefühl,

- …dass Sie eine Idee haben, was Sie antreibt und was Sie in den nächsten 5 Jahren erreichen wollen?

T. Seidl und S. Seidl, *Selbstmanagement im Studium*, essentials,
https://doi.org/10.1007/978-3-658-36362-8_1

- ...dass es bei Ihnen im Hinblick auf Ihre Ziele und (Lebens-)Visionen eine Übereinstimmung von Kopf (Ziele) und Bauch (Werte/Motive) gibt?
- ...dass Sie Herr/in über Ihre eigene Zeit sind?
- ...dass Sie Ihre persönlichen Ressourcen auf effiziente Art und Weise einsetzen, um Ihre Ziele zu erreichen?
- ...dass Sie Ihren Alltag mit für Sie klaren und hilfreichen Prioritäten und Strukturen gestalten?

Falls Sie nicht alle Fragen eindeutig mit „Ja" beantwortet haben gibt es noch Potenzial, Ihr Selbstmanagement zu verbessern. Dabei soll dieser Band Sie unterstützen.

Durch den Band möchten wir Sie auf eine Entdeckungstour mitnehmen und dabei Ihre Fähigkeiten schulen, sich selbst gut zu „führen", die eigenen Werte und Ziele nicht nur theoretisch zu kennen, sondern auch praktisch umsetzen zu können, um so zu mehr Zufriedenheit mit sich und der eigenen Lebensführung zu gelangen. Im Buch werden Sie Schritt für Schritt durch verschiedene Aspekte des Selbstmanagements geführt um Ihre eigene Selbstmanagementkompetenz (weiter) zu entwickeln.

Unter Kompetenz versteht man ein komplexes Zusammenspiel zwischen Wissen, Anwendungsfähigkeit und Haltungen/Motivationslagen (Schaper, 2012). Daher bekommen Sie in diesem Buch aktuelles Wissen zum Thema aufbereitet. Alleine das Lesen und Verstehen reichen aber für die Entwicklung von Kompetenz nicht aus. Deshalb haben wir passend zu den theoretischen Inputs verschiedene Übungen und Reflexionsfragen für Sie vorbereitet.

► **Tipp** Wenden Sie die vorgestellten Übungen und Methoden regelmäßig an und integrieren Sie sie so in Ihren Alltag, um Ihre Anwendungsfähigkeiten zu trainieren. Der Gebrauch des Gelernten und dabei entstehende positive Erfahrungen mit einer Aufgabe tragen dazu bei, Ängste und Hemmungen zu überwinden, Routinen zu entwickeln und damit auch Motivation für die Weiterführung von Veränderungen aufzubauen.

Grundlegend für das Verständnis des Konzepts Selbstmanagement ist die Unterscheidung zwischen Effizienz und Effektivität. Im Alltag werden diese beiden Begriffe oft synonym und in verschiedensten Zusammenhängen verwendet. Doch was bedeuten sie eigentlich und worin unterscheiden sie sich? Bei der Effektivität geht es darum, die Dinge zu tun, die mich meinem Ziel näherbringen (also: Passung von Ziel und Maßnahme/Plan). Eine einfache Frage zur Selbstkontrolle ist

Abb. 1.1 Der
Zusammenhang von
Effizienz und Effektivität

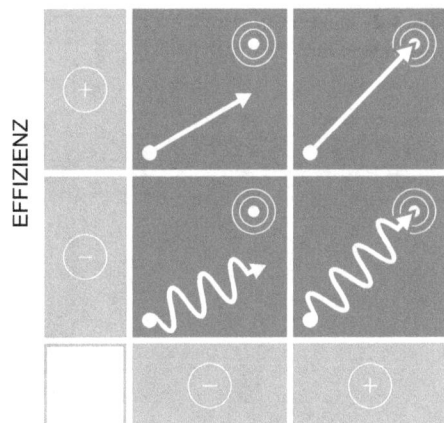

hier: Bringt mich die Maßnahme/der Plan dem Ziel wirklich näher? Der Begriff Effizienz bezieht sich dann auf die Maßnahme/den Plan selbst im Sinne einer Aufwandsoptimierung: Wie können die Maßnahmen/der Plan gestaltet werden, dass das Ziel möglichst schnell und mit wenig Aufwand erreicht werden kann? Abb. 1.1 verdeutlicht den Zusammenhang zwischen Effizienz und Effektivität. Beim Betrachten der Grafik wird klar, dass die Effektivität meiner Maßnahmen und Pläne wichtiger ist, als die Effizienz. So kann ich etwa sehr effizient Netflixserien anschauen, doch wird mich das bei der Erreichung meiner Ziele im Studium (im Regelfall) wohl nicht sehr effektiv unterstützen. Deshalb steht am Anfang eines gelungenen Selbstmanagements immer die Auseinandersetzung mit den eigenen Zielen und Visionen, da ohne Klarheit hierüber effektives Handeln nicht möglich ist. Unsere Erfahrung in der Arbeit mit Studierenden hat uns gezeigt, dass dieser so wichtige Punkt oft unter den Tisch fällt. Dabei sollte er eigentlich immer den Startpunkt beim Nachdenken über das eigene Selbstmanagement darstellen.

Orientiert am Golden Circle Modell von Simon Sinek (2011) widmet sich unser Buch in den folgenden Kapiteln deshalb drei aufeinander aufbauende Aspekte von Selbstmanagement (Abb. 1.2). Zunächst wollen wir mit Ihnen die Frage nach dem „Why" klären: Welche Vision haben Sie von Ihrem Leben und Studium? Was treibt Sie an und motiviert Sie? Darauf aufbauend wenden wir uns dem „How" zu. Hier geht es darum, wie Sie Ihre Überzeugungen und Visionen

Abb. 1.2 Golden Circle
nach Simon Sinek

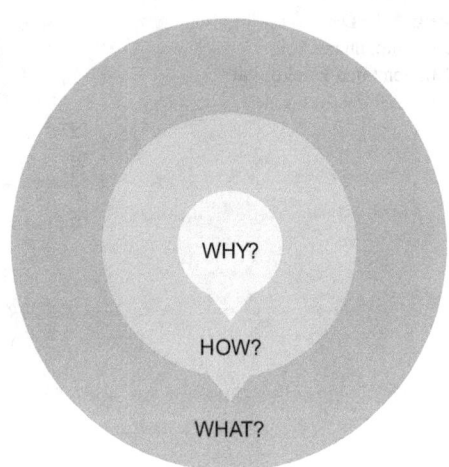

in umsetzbare Ziele operationalisieren können, die Ihnen einen klaren Weg auf-
zeigen, wie Sie Ihre Visionen erreichen können. Diese Ziele sollen Sie auf der
einen Seite motivieren, aber auch dazu geeignet sein, als Planungsgrundlage für
Ihren Alltag zu dienen. Abschließend widmen wir uns dem „What": Was ist konkret zu tun, um Ihre Ziele zu erreichen? Dabei geht es um hilfreiche Tools und
Methoden, die Ihnen helfen die Arbeit zu strukturieren und Aufgaben effizient zu
lösen.

Why, How und What erklärt

- Why = Warum tue ich Dinge bzw. sollte ich sie tun? → Meine
  Überzeugungen und Visionen (er)kennen (Kap. 2).
      Leitfragen:
      – Welche Visionen habe ich für mein Leben und Studium?
      – Was treibt mich an?
- How = Wie kann ich meine Visionen erreichen? → Ziele setzen, um
  die eigenen Visionen zu erreichen (Kap. 3).
      Leitfragen:
      – Wie kann ich meine Überzeugungen und Visionen in umsetzbare
      Ziele übersetzen?

- Wie können Ziele so formuliert werden, dass sie auf der einen Seite motivieren aber auf der anderen Seite auch dazu geeignet sind, als Planungsgrundlage für meinen Alltag zu dienen?
- What = Was muss ich tun, um die Ziele erreichen zu können? → Aufgaben identifizieren und effizient bewältigen (Kap. 4).
  Leitfragen:
- Was muss ich tun, damit ich die angestrebten Ziele auch erreiche?
- Wie kann ich meinen Arbeitsalltag sinnvoll strukturieren und gestalten?
- Wie arbeite ich effizient?

Gelungenes Selbstmanagement setzt voraus, dass das „Why", das „How" und das „What" zusammenpassen und aufeinander abgestimmt sind. Wir beginnen ganz bewusst in der Mitte des Circles und arbeiten uns Schritt für Schritt von innen nach außen vor, da Visionen, Werte und Überzeugungen (also das „Why") sehr beständig sind und als Basis unserer Handlungen dienen. Konkrete Ziele (also das „How") und die passenden Arbeits- und Lernmethoden (also das „What") lassen sich im Gegensatz dazu vergleichsweise leicht anpassen. Deshalb starten wir mit einer gründlichen Erkundung des „Why" (Kap. 2) und einer anschließenden Operationalisierung und Konkretisierung der Ziele im „How" (Kap. 3). Der modulare Aufbau des Buches erlaubt Ihnen aber auch direkt auf den tieferen Ebenen einzusteigen.

Why? – Die eigenen Visionen, Überzeugungen und langfristigen Ziele herausarbeiten

2

(Positive) Visionen für das eigene Leben haben für das Selbstmanagement eine herausragende Bedeutung. Sie dienen als Fixpunkt oder Kompass beim Definieren von Zielen und Treffen von Entscheidungen. Gleichzeitig haben sie eine hochgradig motivierende Wirkung.

> **Der Zusammenhang zwischen Vision, Zielen und Aufgaben**
>
> - Why? Visionen und Überzeugungen: z. B.: Was möchte ich im Leben erreichen? Was bedeutet für mich ein erfülltes Leben? Warum habe ich mich für dieses Studium entschieden?
> - How? Mittel- bis langfristige Ziele: z. B. erfolgreich ein Studium der Sozialwissenschaften abschließen, den Einstieg in ein bestimmtes Berufsfeld schaffen.
> - What? Kurzfristige Ziele und Aufgaben: z. B. alle Prüfungen des ersten Semesters bestehen, die Inhalte verstanden haben, die Präsentation bis zum Ende der Woche fertigstellen.

In diesem Kapitel lernen Sie drei Methoden kennen, die Ihnen helfen Ihre eigene Lebensvision, Ihre Denkweisen und langfristigen Ziele besser herauszuarbeiten. Wichtig ist es bei den Übungen (nicht nur in diesem Kapitel) zu Papier und Stift oder einer digitalen Alternative zu greifen. Das schriftliche Arbeiten sorgt zum einen für einen höheren Reflexionsgrad (das Schreiben macht Gedanken nochmal wesentlich konkreter) und zum anderen kann die Visualisierung im Alltag immer wieder als Erinnerung und Motivationshilfe dienen.

© Der/die Autor(en), exklusiv lizenziert durch Springer Fachmedien Wiesbaden GmbH, ein Teil von Springer Nature 2022
T. Seidl und S. Seidl, *Selbstmanagement im Studium*, essentials, https://doi.org/10.1007/978-3-658-36362-8_2

Wenn Sie sich also die Zeit nehmen, dieses Buch durchzulesen, dann nehmen Sie sich auch die Zeit, die vorgeschlagenen Übungen durchzuarbeiten. Genau das ist auch Selbstmanagement: sich auf etwas, von dem man sich Erfolg verspricht, ganz und gar einzulassen. Die Übungen lassen sich nicht wie eine Matheaufgabe runterschreiben und es gibt (leider oder zum Glück) keine Musterlösung. Vielmehr erfordern sie etwas Zeit und Einlassen auf die Themen. Sie dürfen zu einem späteren Zeitpunkt wieder aufgenommen, verändert, ergänzt und erneuert werden. Es gibt hier kein richtig und kein falsch, nur Ihre individuelle Antwort!

▶ **Tipp** Stellen Sie nun Ihr Smartphone auf „bitte nicht stören", einen Tee oder Kaffee bereit und legen sich Stifte und Papier zurecht – die Entdeckungstour beginnt.

2.1 Ikigai oder „das, wofür es sich zu leben lohnt"

Die Frage, was das eigene Leben lebenswert macht, ist eine hochphilosophische, die uns im Alltag immer wieder aufs Neue beschäftigt. In der japanischen Kultur wurde in diesem Kontext das Konzept des Ikigai entwickelt. Findet ein Mensch für sich die Antwort „wofür es sich zu leben lohnt", führt es bei ihm oder ihr zu Lebensfreude und innerer Zufriedenheit.

Ikigai kann als Schnittmenge der Antworten auf vier Fragen verstanden werden (vgl. Abb. 2.1):

• Was lieben Sie zu tun? Was bereitet Ihnen Freude?
• Was können Sie gut? Wo liegen Ihre offensichtlichen oder versteckten Talente?
• Was braucht die Welt/Gesellschaft? Wie können Sie einen Beitrag zum Wohle/Fortschritt der Welt/Gesellschaft leisten?
• Wofür werden Sie bezahlt? Womit können Sie Geld verdienen?

Das eigene Ikigai findet man nicht von heute auf morgen. Man muss durch Reflexion und Erfahrung nach und nach herausfinden, was einem Freude bereitet, worin man aufgeht und wo die eigenen Stärken liegen. Gerade im Studium sollten Sie die Möglichkeit nutzen, sich regelmäßig mit den Ikigai-Leitfragen auseinanderzusetzen, um ein besseres Gefühl für Ihre Talente auf der einen und Ihren Wunschvorstellungen auf der anderen Seite zu bekommen. Manchmal geht es hierbei auch darum, kreativ zu werden: Wie kann man für etwas, was man gut kann und gerne macht, z. B. schreiben, einen Markt finden, um nach dem Studium damit auch Geld verdienen zu können? Neben dem Blick nach innen

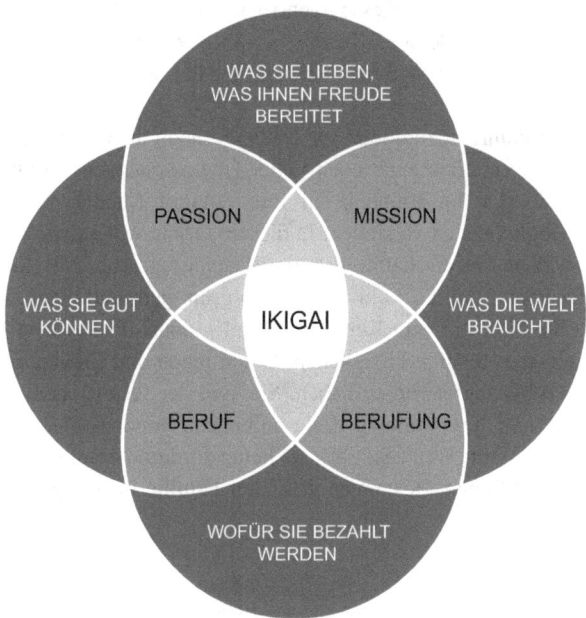

Abb. 2.1 Ikigai

hilft hier auch der Blick nach außen: Feedback von FreundInnen, Bekannten und Lehrenden helfen, die eigenen Stärken besser einschätzen zu können (scheuen Sie sich auch nicht, gezielt nach Feedback zu fragen). Social-Media Kanäle (besonders Twitter), Praktika und Gespräche mit Alumni oder Studierenden in höheren Semestern ermöglichen einen Einblick in potentielle Berufsfelder.

2.2 Beschreibung der eigenen Ressourcen und Ziele

Während das Erkunden des eigenen Ikigai eher als mittel- bis langfristiges Projekt zu verstehen ist, wollen wir mit der nächsten Übung schon deutlich konkreter werden. Dabei laden wir Sie zu einem Blick zurück und in die Zukunft ein. Die Übung „Insel der Erkenntnis" (Weisweiler et al., 2013) hilft Ihnen zum einen, Klarheit über eigene Wünsche und Pläne zu bekommen, und zum anderen, sich eigener Ressourcen und bereits gesammelter Erfahrungen bewusst zu werden.

Dieser Fokus auf die eigenen Ressourcen ist wichtig, um kommende Herausforderungen zu bewältigen, denn aus bereits bewältigten Herausforderungen können
wir Selbstbewusstsein und Motivation ziehen, die bei der Erreichung der eigenen
Ziele helfen.

Ihre eigene Zukunft ist zum jetzigen Zeitpunkt noch nicht festgelegt und offen
bzw. gestaltbar (vermutlich auch noch voller Überraschungen). Bildlich gespro-
chen können Sie sich im Hinblick auf Ihre Zukunft einen großen Ozean der
unendlichen Möglichkeiten vorstellen. In diesem Ozean wollen wir Ihre persönliche Insel der Erkenntnis erschaffen (für ein Beispiel vgl. Abb. 2.2). Sie benötigen
dazu ein Blatt Papier und Stifte in den Farben grün, gelb und blau.

Beginnen Sie bitte mit dem Kern Ihrer Insel – quasi dem grünen Dschungel.
Dieser Bereich steht für Ihre Fähigkeiten, Erfahrungen und Erkenntnisse, die Sie
in Ihrem Leben bislang erworben haben. Sie sind der feste Boden, auf dem Ihr
weiteres Leben und Ihre weiteren Ziele aufbauen. Notieren Sie, was Ihnen zu
diesem Bereich einfällt. Wenn Sie dies als herausfordernd empfinden, dann kommen Sie mit FreundInnen, Bekannten und Ihrer Familie ins Gespräch: lassen Sie

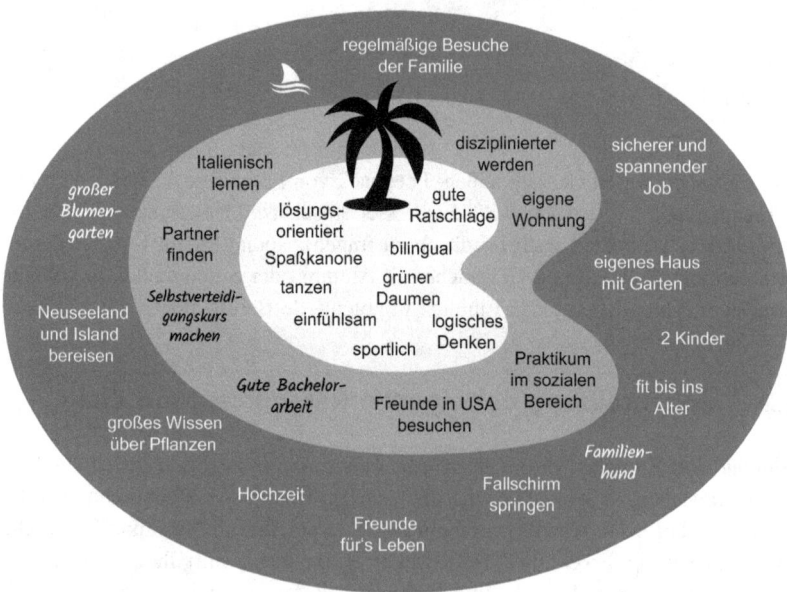

Abb. 2.2 Beispiel für eine Insel der Erkenntnis

sich berichten, welche Stärken, Erfahrungen und Ressourcen sie in und bei Ihnen sehen.

Formen Sie nun um den grünen Kernbereich der Insel herum Ihren Strand. Der Strand steht für die nahe Zukunft, die kommenden ein bis zwei Jahre. Welche Fähigkeiten wollen Sie in dieser Zeit erwerben, welche Erfahrungen wollen Sie machen und welche Wünsche und Träume erreichen? Notieren Sie Ihre Ideen.

Um Ihre Insel herum ist der Ozean der (fast) unendlichen Möglichkeiten. Hier notieren Sie bitte die Fähigkeiten, Erfahrungen und Wünsche, die Sie in den kommenden drei bis fünf Jahren (und darüber hinaus) realisieren wollen. Lassen Sie hier Ihrer Fantasie freien Lauf!

Hilfreiche Fragen für die Weiterentwicklung der Karte können sein:

* Welche übergreifenden Themen erkennen Sie in Ihrem Bild? Welche Überschriften können Sie für die Bereiche finden?
* Welche Ziele kommen von ganzem Herzen, welche werden eher aus Ihrem Umfeld an Sie herangetragen?
* Gibt es unterschiedliche Prioritäten bei Ihren Zielen?
* Welche Ihrer Ressourcen und Erfahrungen können Ihnen bei der Bewältigung kommender Herausforderungen besonders nützlich sein?

▶ **Tipp** Die Bearbeitung der Insel der Erkenntnis ist kein schneller Prozess: nehmen Sie sich Zeit bei der Erstellung, lassen Sie freien Raum für Ergänzungen und nehmen Sie sich die Karte innerhalb einer Woche mehrfach vor.

Mit dieser Übung schaffen Sie die Verbindung zwischen dem bereits Erreichten und Bekannten auf der einen und dem, was noch als vage Vorstellung vor Ihnen liegt, auf der anderen Seite. Sie verdeutlicht nochmal, über wie viele Ressourcen Sie bereits verfügen und wie gut Sie diese als Ausgangspunkt und Unterstützung für den Weg ins noch unbekannte Neue nutzen können.

2.3 Was treibt mich an?

Neben dem, dass wir eine gute Landkarte von unseren Ressourcen und Zielen haben sollten und eine Vorstellung, was im eigenen Leben wichtig und sinnstiftend ist, lohnt es sich auch, seine eigenen „Antreiber" zu kennen. Zahlreiche dieser Antreiber haben sich im Rahmen unserer Biografie und Sozialisierung entwickelt. Sie sind innere Stimmen, die uns in eine bestimmte Richtung treiben, die uns einflüstern, was wir erreichen sollten, welche Ziele erstrebenswert sind und was angeblich oder wirklich zählt. Seine eigenen Antreiber zu kennen, zu wissen, wann sie in Erscheinung treten und wie dann am besten auf sie einzugehen ist, ist ein großer Vorteil, um sich selbst gut zu führen.

Das von Kahler (1974) entwickelte Konzept der fünf Antreiber beschreibt fünf Glaubenssätze und damit verbundene Eigenschaften, die unser Denken und Handeln prägen:

- Sei perfekt! – Genauigkeit und Fehlerlosigkeit
- Sei anderen gefällig! – Freundlichkeit und Liebenswürdigkeit
- Streng Dich an! – Gründlichkeit und Durchhaltevermögen
- Sei stark! – Stärke und Unabhängigkeit
- Beeil Dich! – Schnelligkeit und die Fähigkeit, Chancen zu nutzen

Kommen Ihnen einige dieser Antreiber bekannt vor? Beobachten Sie sich einmal in Alltagssituationen, ob Sie manche der Antreiber bei sich entdecken. Vielleicht stolpern Sie immer wieder über die gleichen Gedanken: „So ist das noch nicht gut genug, das muss perfekt werden", „Ich muss das schaffen" oder „Das bekomme ich alleine hin, ich frage nicht nach Hilfe". Oder Sie haben Schwierigkeiten, ein „Nein" zu formulieren und stellen Ihre eigenen Bedürfnisse zugunsten anderer immer wieder hinten an. Vielleicht hetzen Sie auch durch Ihren Tag, sind auf Effizienz getrimmt, ohne sich Pausen zu gönnen oder Momente, in denen Sie innehalten.

Diese Antreiber haben durchaus ihre positiven Seiten. Sie helfen uns, dass wir zuverlässig sind oder besonders freundlich zu unseren Mitmenschen. Wir arbeiten mit ihnen gründlicher und sind belastbar. Gerade in Stresssituationen kippen sie jedoch ins Dysfunktionale. Dann rauben sie uns Energie, statt uns Kraft zu geben. Dann ziehen sie uns runter oder lähmen uns gar, statt uns Zuversicht zu schenken und uns in unserem Tun zu bekräftigen. Der Antreiber „Sei perfekt!" führt im Positiven etwa dazu, dass man exakt und sehr vorausschauend arbeitet, Fehler beseitigt, eine hohe Planungskompetenz zeigt und einen Blick fürs Detail hat. Unter Stress kann er jedoch dazu führen, dass man sich im Detail verliert und dadurch keine oder verzögerte Entscheidungen trifft oder Aufgaben aufgrund eines überhöhten Anspruchs an das Ergebnis nicht abgeschlossen werden.

Der erste und wichtigste Schritt ist, in Kontakt zu Ihren inneren Antreibern zu kommen: Lernen Sie sie kennen. Wenn Sie wissen, in welchen Situationen Sie den inneren Antreibern die Türe öffnen und diese quasi das Steuer übernehmen, dann können Sie in zukünftigen stressigen Situationen aktiv damit umgehen. Wir fühlen uns dann nicht mehr überwältigt von den unverhältnismäßigen Appellen der Antreiber an uns selbst, sondern können ihnen aktiv etwas entgegensetzen. Stellen Sie sich etwa vor, Sie formatieren Ihren Praktikumsbericht und bekommen die Fußnoten nicht richtig in das Dokument hinein. Ihr innerer Antreiber meldet sich: „Das kann ja jetzt nicht sein, dass ich das nicht hinbekomme. Das muss ich jetzt schaffen. Greta hätte das sicher schon längst geschafft." Der Antreiber „Sei stark (und schaffe alles alleine)!" ist hier gerade aktiv und setzt Sie noch stärker unter Druck, als Sie sowieso schon sind. Nehmen Sie in einem ersten Schritt wahr, dass der Antreiber auf Ihre „innere Bühne" getreten ist. Vielleicht mögen Sie ihn sogar gedanklich begrüßen, dass hilft Ihnen, die innerpsychische Situation besser zu reflektieren und gleichzeitig gedanklich Abstand zu der Situation zu bekommen. Setzen Sie nun dem Antreiber einen für Sie in der Situation hilfreicheren Gedanken entgegen: „Fußnoten habe ich noch nie gemacht. Ich schreibe Greta mal, ob sie mir das erklärt. Dann kann ich es beim nächsten Mal selbst." Diese Strategie hilft Ihnen Stress zu vermeiden und handlungsfähig zu bleiben bzw. zu werden.

▶ **Tipp** Oft wird unterschätzt, wie stark solche inneren Stimmen uns in unserem Tun behindern. Wenn Sie also nach der kurzen Vorstellung der „inneren Antreiber" gemerkt haben, dass dies für Sie ein besonders relevantes Thema ist, dann empfehlen wir, tiefer in die Materie einzusteigen. Bei Kaluza (2004) und im Internet finden Sie verschiedene Tests, die Ihnen helfen, ein besseres Verständnis für Ihre inneren Antreiber zu bekommen.

How? – Sinnvoll Ziele setzen, um die eigenen Visionen zu erreichen

Der Überbegriff „Ziele" kann in drei unterschiedliche Zielebenen unterschieden werden (Hoff & Ewers, 2002), die uns teilweise bei der „Ikigai-Übung" (Abschn. 2.1) und der „Insel der Erkenntnis" (Abschn. 2.2) schon begegnet sind:

1. Auf der obersten Ebene finden sich **Ziele des biografisch bedeutsamen Handelns**, die auf das gesamte Leben oder größere Lebensabschnitte bezogen werden: Dazu gehören auf der einen Seite konkrete Ziele in Form von „personal projects" oder „life tasks" (z. B. die Gründung einer Familie) und auf der anderen Seite unkonkretere Ziele im Sinne von persönlichen Strebungen („personal strivings"), denen kein bestimmtes Handeln mit Start- und Endpunkt zugeordnet ist. Dazu könnte etwa „anderen Menschen helfen wollen" gehören.
2. Auf einer zweiten Ebene finden sich **Ziele des mittelfristig bedeutsamen (alltagsübergreifenden) Handelns**. D. h. Ziele, die im Verlauf von Wochen, Monaten oder Semestern erreicht werden wollen. Zum Beispiel „in den nächsten vier Wochen einen Praktikumsplatz finden" oder „die Wiederholungsprüfung im Modul X in diesem Semester bestehen".
3. Auf der untersten Ebene sind **Ziele des relativ kurzfristigen Alltagshandelns** zu verorten. Also Ziele, die im Verlauf eines Tages oder einer Woche zu erreichen sind. Zum Beispiel „die Hausaufgabe im Fach Y erledigen" oder „in der Projektgruppe das weitere Vorgehen klären".

Klarheit über die eigenen Ziele auf allen drei Ebenen zu haben hat aus verschiedenen Gründen eine große Bedeutung:

- **Ziele motivieren:** Das Setzen und Bewusstmachen von Zielen wirkt motivierend und hilft uns konkrete Handlungen zu planen und auszuführen. Wenn

T. Seidl und S. Seidl, *Selbstmanagement im Studium*, essentials, https://doi.org/10.1007/978-3-658-36362-8_3

ich weiß, warum ich etwas tue, hilft es mir im Alltag dafür Motivation zu finden. Dabei ist es sowohl wichtig lang- bis mittelfristige Ziele für sich selbst zu klären, z. B. „warum ist für mich das Abschließen meines Studiums erstrebenswert?"; als auch die Verbindung zwischen kurzfristigen und langfristigen Zielen herzustellen, z. B. „wie trägt das Bewältigen der schwierigen Veranstaltung Z zum Erreichen meines Zieles Studienabschluss bei?".

- **Ziele ermöglichen effektives Arbeiten:** Die Dinge, die wir im Alltag tun, die Aufgaben, die wir angehen, sollten idealerweise zur Erreichung der mittel- und langfristigen Ziele beitragen. Das heißt, wenn aus den lang- und mittelfristigen Zielen die kurzfristigen Ziele/Aufgaben abgeleitet werden, schaffen wir eine gute Grundlage für effektives Arbeiten. Das bedeutet im Umkehrschluss auch, wenn die kurzfristigen Ziele sich nicht an unseren langfristigen Zielen orientieren, können sie noch so ambitioniert sein, sie bringen uns dennoch unseren Zielen nicht näher (vgl. dazu auch Abb. 1.1).
- **Ziele steuern Handeln:** Aus Zielen lassen sich kurzfristige und überschaubare Teilziele und Aufgaben ableiten. Das Ziel „einen Praktikumsplatz finden" kann etwa in Teilziele und Aufgaben wie persönliche Anforderungen an den Praktikumsplatz definieren, passende Stellenportale recherchieren, Stellenanzeigen sichten, Bewerbungen schreiben usw. zerlegt werden.
- **Ziele ermöglichen Selbststeuerung:** Die definierten Teilziele und Aufgaben können dann in eine sinnvolle zeitliche Abfolge gebracht und in den Alltag eingeplant werden. Zur Selbststeuerung gehört auch das kritische Überprüfen der Arbeitsergebnisse: Konnten die Teilziele und Aufgaben wirklich erfolgreich abgeschlossen werden oder ist noch Nacharbeit notwendig? Dies ist nur möglich, wenn die Ziele auch klar definiert sind (mehr hierzu finden Sie auch in Kap. 4)

Im Folgenden finden Sie zwei Methoden, die Ihnen helfen, Ziele besser fassbar und damit umsetzbar zu machen.

3.1   SMARTe Zieldefinition

Die Forschung zeigt, dass eine hohe Identifikation mit dem angestrebten Ziel in Kombination mit konkreter Planung dazu beiträgt, die angestrebten Ziele auch zu erreichen. Zudem führen spezifische und präzise ausformulierte Ziele zu besseren Leistungen als vage Ziele, wie etwa „mein Bestes geben" (Weisweiler et al., 2013). Eine klare Formulierung der Ziele ist vor allem auf der „How" und „What"-Ebene (vgl. auch Kap. 4) unseres Golden Circles wichtig.

Bei der Ausformulierung der Ziele hilft die SMART Methode, die sich insbesondere für einfach strukturierte und ergebnisorientierte Aufgaben eignet. Voraussetzung für den Erfolg in der Umsetzung ist ein bestehendes Mindestmaß an intrinsischer Motivation und ein Commitment gegenüber dem Ziel. Das Akronym SMART beschreibt dabei die Eigenschaften gut formulierter Ziele und setzt sich wie folgt zusammen:

- **S = Spezifisch:** Das Ziel ist so konkret wie möglich formuliert.
- **M = Messbar:** Die Zielerreichung soll qualitativ und/oder quantitativ bestimmbar sein.
- **A = Attraktiv:** Die Formulierung soll mich motivieren das Ziel zu erreichen.
- **R = Realistisch:** Das Ziel muss mit den bestehenden Ressourcen im vorgesehenen Zeitraum erreichbar sein.
- **T = Terminiert:** Der Zeitpunkt der angestrebten Zielerreichung soll klar definiert sein.

Beispiele für SMART definierte Ziele im Studium sind etwa:

- „Bis zum 01.10 habe ich die Zusage für eine Praktikumsstelle im Bereich Kulturmanagement im Großraum Stuttgart."
- „Ich bestehe die Prüfung im Modul Forschungsmethoden in diesem Semester mit der Note 2,0."

Im Gegensatz zu den vagen Wünschen „Ich bekomme meinen Traumpraktikumsplatz" oder „Ich werde im Studium besser werden" bestechen SMARTe Ziele durch ihre klare Operationalisierung und damit einer stringenten Handlungsanleitung. Aus den so beschriebenen mittelfristigen Zielen können Sie dann passende kurzfristige Ziele und Aufgaben ableiten. Wichtig ist, dass Sie auf Grundlage der Ziele kleine und handhabbare Arbeitspakete oder Aufgaben definieren. Hierbei kann auch eine Mindmap helfen, die Ihnen bewusst macht, welche Aufgaben konkret zu erledigen sind, um ein Ziel zu erreichen. Daraus entsteht dann eine To-do-Liste für die nächsten Wochen oder Monate, die eine gute Grundlage für weitere Planungsschritte bildet (vgl. Abschn. 4.2).

Für das Ziel „eine Zusage für eine Praktikumsstelle bekommen" könnten die Teilaufgaben etwa wie folgt lauten:

- Anforderungen an Praktikumsstellen in der Studienordnung recherchieren
- Eigene inhaltliche und organisatorische Anforderungen an die Stelle definieren
- Passende Arbeitgeber/Organisationen recherchieren und dokumentieren

- Bewerbungsunterlagen zusammenstellen
- Usw.

▶ **Tipp** Formulieren Sie für das laufende oder kommende Semester ein oder mehrere Ziele. Prüfen Sie, ob die Ziele alle SMART Kriterien erfüllen. Gliedern Sie zur Übung eines der Ziele in handhabbare Aufgabenpakete auf.

3.2 Motto-Ziele

SMARTe Ziele kommen Menschen, die gerne Pläne machen und sich an konkreten Schritten orientieren, sehr entgegen. Jedoch lässt sich nicht jedes Ziel präzise formulieren und operationalisieren und setzt dann noch genügend Motivation für die Umsetzung frei. Insbesondere Ziele, die im Bereich der persönlichen Strebungen und Haltungen verortet sind und stärker durch das Unbewusste beeinflusst werden, lassen sich nicht in das SMART Format bringen. Doch wie kann ich diese Ziele konkreter fassen und vor allem auch Handlungen, die zur Zielerreichung beitragen, auslösen? Hierzu bietet sich die Formulierung von Motto-Zielen (Storch, 2009) an. Motto-Ziele tragen dazu bei, die eigene Haltung zu verändern und damit auch indirekt eine Veränderung des eigenen Verhaltens auszulösen. Das Motto-Ziel beschreibt also eine neue Haltung, die in verschiedenen Situationen wirksam werden soll. Bei der Erstellung von Motto-Zielen wird das Unbewusste genutzt. Sie können und sollen also den rationalen Verstand für diese Übung „abschalten".

Wählen Sie zunächst ein Thema aus, an dem Sie arbeiten wollen, z. B. „die eigene Lernmotivation steigern". Dieses Ziel kann man nur schwer mithilfe der SMART-Kriterien operationalisieren, hier helfen eher intuitive, bildhafte Anregungen. Greifen Sie im ersten Schritt auf eine größere Anzahl Bilder zurück (etwa über eine Bildersuche im Internet). Wählen Sie, ohne darüber nachzudenken, ein Bild aus, das momentan und spontan starke positive Gefühle bei Ihnen auslöst. Das Bild müssen Sie dabei noch nicht in Zusammenhang mit Ihrem Thema bringen. So kann es sein, dass Sie ein Bild mit blauem Himmel, auf dem ein bunter Heißluftballon abgebildet ist, anspricht.

▶ **Tipp** Die Schöpfer der Idee der Motto-Ziele bieten ein kostenloses Onlinetool an, dass den Prozess des Findens eines Motto-Ziels unterstützt: https://zrm.ch//_%20Online%20Tool.htm.

Sammeln Sie (alleine oder unterstützt durch andere) schriftlich positive Assoziationen zu Ihrem Bild: Worte, Begriffe, Ideen. In unserem Beispiel vielleicht Begriffe wie „frei, Leichtigkeit, alles im Fluß, offen für alle Richtungen, Korb, den Überblick haben". Wählen Sie aus dieser Sammlung (ohne groß nachzudenken) Ihre 10 Lieblingswörter aus. Bilden Sie nun mithilfe dieser Liste spielerisch verschiedene Wortkombinationen (jeweils 2–4 Wörter) zu Ihrem gewählten Bild. Im Prozess finden Sie so ein für sich passendes Motto-Ziel. Es kann hilfreich sein, wenn Sie folgende Satzanfänge zum Probieren verwenden:

- Ich fühle mich, wie...
- Ich handele, wie...
- Ich bin, wie...

Typische Motto-Ziele könnten etwa lauten (Storch, 2009):

- „Ich erlaube mir Macht"
- „Ich atme Glück"
- „Ich fülle meinen Entspannungskorb"
- „Mutig schreite ich in meine Freiheit"
- „Eruption on demand"

In unserem Beispiel könnten Motto-Ziele wie „Ich fülle meinen Wissenskorb entspannt und schwerelos", „Ich bin im Lernfluß", „Leicht gleite ich durch mein Lernen", „Ich bin wie ein offener Korb für Neues" entstehen.

Folgende Tipps helfen Ihnen bei der Formulierung:

- Es darf poetisch sein
- Personalisieren Sie Ihr Motto-Ziel (ich, mich)
- Wählen Sie positive und aktive Formulierungen (statt negativ und passiv)
- Bleiben Sie im Präsens und vermeiden Sie „wenn" und „aber"
- Zur Prüfung, ob Sie Ihr Motto-Ziel gefunden haben, können Sie sich folgende Fragen stellen: Bin ich von meinem Bild und dem Motto-Ziel begeistert? Passt der Satz wirklich? Stört mich noch irgend etwas?

Notieren Sie sich anschließend, was sich an Ihrem bisherigen Befinden ändern wird, wenn Sie nun die Dinge mit Ihrem neuen Lebensgefühl angehen. Zum Abschluss reflektieren Sie, was Ihnen helfen kann, sich entsprechend Ihrem

Motto-Ziel zu fühlen/so zu handeln, und wie Sie im Alltag regelmäßige Erinnerungsanker an Ihr Motto-Ziel unterbringen können. Überlegen Sie dabei auch, wie Sie bei den Ankern alle Sinne nutzen können.
Beispielsweise:

• Wie sieht Leichtigkeit für mich aus? (innere & äußere Bilder)
• Wonach riecht der Lernfluss? (reale oder erinnerte Gerüche)
• Wonach klingt durch Lernen gleiten? (Lieder, Geräusche)
• Wie fühlt sich Offenheit für Neues an? (Körperempfinden, Textilien, Natur)
• Wie schmeckt die Entspannung? (reale oder erinnerte Geschmackserlebnisse)

Um bei unserem Heißluftballonbild zu bleiben, könnten Sie einen Heißluftballon als Hintergrundbild auf Ihrem Desktop speichern, einen tatsächlichen kleinen Korb auf den Schreibtisch platzieren, in dem Sie Ihre Lernkarten aufbewahren, oder sich das Gefühl der Schwerelosigkeit beim Blick aus dem Fenster in den blauen Himmel immer wieder herholen.

▶ **Tipp** Bringen Sie Ihr Motto-Ziel in Ihren Alltag! Schaffen Sie regelmäßige Erinnerungen, etwa in Form von Bildern auf Ihrem Schreibtisch, auf Ihrem Smartphone, am Kühlschrank, Songs in Ihrer Playlist, Gerüchen oder Geschmacksreizen. So schaffen Sie eine direkte Verbindung zu Ihrem Unbewussten, das sich stark mit dem Motto-Ziel identifizieren kann und mit Ihnen zusammen an dem Erreichen desselben arbeitet.

What? – Aufgaben und ihre effiziente Bewältigung

Nachdem wir uns ausführlich mit der Erarbeitung und Definition Ihrer Ziele beschäftigt haben (vgl. Kap. 2 und 3), geht es nun um die konkrete Planung und Durchführung der Umsetzung.

Bevor wir Ihnen Tools zur Unterstützung bei der Umsetzung vorstellen, wollen wir zunächst den idealtypischen Gesamtprozess der Planung und Durchführung einer Handlung in den Blick nehmen. Dabei hilft uns das Rubikon Modell (Achtziger & Gollwitzer, 2009), das menschliches Handeln in vier Phasen unterteilt:

1. **Abwägen:** In der ersten Phase **(Prädezisionale Phase)** haben wir uns noch nicht festgelegt, welche Handlung wir planen und ausführen wollen. Stellen Sie sich etwa vor, Sie haben eine Stunde freie Zeit und damit fast unendlich viele Möglichkeiten, was Sie tun können: ein Seminar vorbereiten, eine Serie schauen oder sich in Ihrem bevorzugten Social Media Kanal informieren. In einem mehr oder weniger bewussten und damit gesteuerten Prozess wägen Sie jetzt verschiedene Wünsche und damit verbundene Ziele gegeneinander ab. Aus diesem Abwägungsprozess heraus treffen Sie die Entscheidung für eine Handlungsoption (etwa die Vorbereitung des Seminars) und damit gegen andere Handlungsmöglichkeiten.
2. **Planen:** Mit dem Treffen dieser Entscheidung treten Sie dann in die zweite Phase ein **(Postdezisionale Phase).** In dieser Phase planen Sie die Handlungsausführung. Auch dieser Planungsprozess läuft mehr oder weniger bewusst ab. Dabei können Aspekte berücksichtigt werden wie: Wann und wie lange soll die Handlung ausgeführt werden? Was brauche ich dafür? Wie will ich genau vorgehen? Etc.
3. **Handeln:** An die Planungsphase schließt sich die Durchführungsphase **(Aktionale Phase)** an. Hier stehen ein möglichst effizientes Handeln und das

T. Seidl und S. Seidl, *Selbstmanagement im Studium*, essentials, https://doi.org/10.1007/978-3-658-36362-8_4

Abschließen der in der zweiten Phase geplanten Aufgaben im Mittelpunkt. Der Übergang von Phase 2 in Phase 3 setzt jedoch das Vorhandensein von ausreichend Motivation voraus. Ist dies nicht der Fall, wird der Prozess oft schon nach Phase 2 abgebrochen. Vielleicht kennen Sie das ja auch aus eigener Erfahrung, dass die Ausführung von Aufgaben geplant, mit deren Ausführung aber nicht begonnen wird (hier helfen Abschn. 3.2 und 4.3).

4. **Reflexion:** Nach Abschluss der Handlung kann das Ergebnis und der Handlungsablauf in der letzten Phase **(Postaktionale Phase)** ausgewertet werden: Bspw. welche Ziele wurden erreicht und wie effizient war der Ablauf? Aus dieser Reflexion können wichtige Anhaltspunkte für die iterative Verbesserung des eigenen Zeit- und Aufgabenmanagements gewonnen werden.

Jede dieser Phasen kann eher unbewusst und ungesteuert oder bewusst und gesteuert ablaufen. Genau Letzteres wollen wir Ihnen durch die Inputs in diesem Buch ermöglichen. In der ersten Phase des Abwägens ist ein Wissen um die eigenen Ziele und Wünsche von großer Bedeutung. Die Übungen aus Kap. 2 haben Ihnen bereits geholfen, hier bewusst die richtigen Entscheidungen treffen zu können. Zudem geben uns SMARTe Ziele (vgl. Abschn. 3.1) Orientierung, welche Aufgaben angegangen werden sollten und die eigenen Visionen und Motto-Ziele (vgl. Abschn. 3.2) helfen uns, Motivation für die Planung und Durchführung der Handlung aufzubauen. Wie zu Beginn des Buches erläutert, haben wir uns damit zuerst der Effektivität Ihrer Pläne und Maßnahmen zugewandt, während wir uns nun um die Effizienz der Aufgabenerledigung kümmern werden. In diesem Kapitel geben wir Ihnen daher nun Anregungen, wie Sie Planung, Handlung und Reflexion (also die Phasen 2–4 des Rubikon Modells) optimieren können.

4.1   Die eigene Zeitverwendung und Leistungsfähigkeit kennen und verbessern

„Der Tag hat nur 24 Stunden" – diesen Spruch werden Sie an der ein oder anderen Stelle schon gehört haben. Bevor wir in die Weiterentwicklung Ihres Zeitmanagements einsteigen, wollen wir zunächst ein besseres Verständnis für Ihre individuelle Zeitverwendung bekommen. Dabei interessieren uns mehrere Aspekte:

- Was machen Sie momentan eigentlich in und mit Ihren 24 h und wie zufrieden sind Sie mit dieser Zeitnutzung?
- Wie verändert sich Ihre Leistungsfähigkeit im Tagesverlauf?

• Was hält Sie bislang vom effizienten Arbeiten ab?

Die Antworten auf diese Fragen helfen Ihnen zu erkennen, wo Sie mit Veränderungen in Ihrem eigenen Zeitmanagement sinnvoll ansetzen können.

4.1.1 Analyse der eigenen Zeit

Bei einem erhöhten Arbeitsaufkommen neigen wir dazu, zusätzliche Aufgaben einfach mit auf die To-do-Liste zu setzen. Damit wächst die To-do-Liste ins Unermessliche und wir verkennen, dass wir nur eine bestimmte Zeitspanne zur Verfügung haben. Es sollte daher viel öfter darum gehen, statt „das Mehr" an Aufgaben zu verwalten, uns sorgfältiger um das „was" zu kümmern und Prioritäten zu setzen.

Zunächst wollen wir einen Blick auf Ihren typischen Arbeitstag werfen, um dann in einem zweiten Schritt zu skizzieren, wie der ideale Arbeitstag aus Ihrer Sicht aussehen würde. Der Vergleich der Zeitverwendung der beiden Tage gibt wichtige Anhaltspunkte, in welchen Bereichen Veränderungen ansetzen sollten. Zeichnen Sie zunächst einen großen Kreis auf ein DIN A 4 Blatt. Aus dem Kreis wird nun nach und nach ein Tortendiagramm Ihrer Zeitverwendung entstehen. Stellen Sie sich möglichst detailliert einen typischen Arbeitstag vor (also den Ist-Zustand). Sollte es bei Ihnen keine typischen Tage geben, können Sie auch gerne einen bestimmten Wochentag nehmen, mit dessen Gestaltung Sie bislang nicht zufrieden sind.

Bei der Erarbeitung des Tortendiagramms starten wir zunächst mit groben Einteilungen, die nach und nach verfeinert werden. Wichtig ist, dass das Diagramm nur die Anteile der Zeitverwendung, jedoch nicht deren Abfolge den Tag über abbilden soll (also: wie viele Stunden wenden Sie z. B. für den Besuch von Lehrveranstaltungen auf – nicht: wann liegen die Lehrveranstaltungen im Tagesverlauf). Beginnen Sie mit dem Eintragen von Schlaf- und Wachzeit. Wie viele Stunden am Tag schlafen Sie? 8 h Schlaf bedeutet, dass Sie in Ihrem Tortendiagramm ein Drittel entsprechend als Schlafenszeit kennzeichnen. Unterteilen Sie den restlichen Bereich nun in Freizeit und Studium/Beruf. Nach dieser groben Unterteilung können Sie beginnen feinere Segmente zu bilden, z. B. im Bereich Studium Aspekte wie Fahrzeiten, Vorlesungen, Vor- und Nachbereitung, Gruppenarbeiten. Gehen Sie analog auch im Bereich der Freizeitaktivitäten vor (z. B. Social Media, Einkaufen, Kochen/Essen, Sport, Freunde treffen...). Je konkreter Sie werden, um so einfacher fällt Ihnen die Einschätzung der investierten Zeit und umso besser können Sie bewerten, wie zufrieden Sie mit einem solchen Tag sind.

▶ **Tipp** Manchmal lohnt es sich, die retrospektive Einschätzung durch eine detailliertere Messung zu ergänzen. Auf dem Markt finden Sie zahlreiche Apps, die Sie unterstützen, die an einem Tag verbrauchte Zeit zu tracken. Dabei können Sie oft interessante Abweichungen zwischen subjektiver Wahrnehmung und objektiven Tatsachen feststellen.

Wenden wir uns nun dem Soll-Zustand zu. Nehmen Sie sich ein neues Blatt und zeichnen Sie wieder ein Tortendiagramm. Folgen Sie den oben beschriebenen Schritten. Konzentrieren Sie sich dabei auf Ihre Optimalvorstellung eines typischen Arbeitstages unter Beachtung Ihrer individuellen Ziele.

Legen Sie nun die beiden Diagramme nebeneinander und vergleichen den Ist- mit dem Soll-Zustand. Folgende Leitfragen helfen Ihnen bei der Auswertung (vgl. Weisweiler et al., S. 82 f.):

- Wo gibt es Abweichungen und Übereinstimmungen zwischen beiden Diagrammen?
- Mit welchen Abweichungen sind Sie besonders unzufrieden und wünschen sich daher Veränderungen?
- Welche Aspekte können Sie selbst beeinflussen, wo sind Sie von anderen abhängig?
- Wo wollen Sie konkret mit Veränderungen ansetzen?

4.1.2 Meine Störungen und Zeitdiebe

Die Analyse der eigenen Zeit im Abschn. 4.1.1 hat aufgedeckt, für was Sie wie viel Zeit investieren. Ob Sie diese Zeit jedoch effizient nutzen geht aus der Analyse nicht hervor.

Am effizienten Arbeiten hindern uns oft Störungen, Zeitdiebe oder Energiefresser. Das können beispielsweise Unterbrechungen, wie z. B. der klingelnde Postbote, eingehende Whats-App Nachrichten oder auch schlecht funktionierende Abläufe, wie eine chaotische Dateiablage auf dem Rechner, die immer hohen Suchaufwand erzeugt, sein.

Nehmen Sie nun das Tortendiagramm des Ist-Zustandes nochmal in die Hand. Spielen Sie die einzelnen Tätigkeiten, die darauf vermerkt sind, im Kopf en detail durch. Notieren Sie auf Post-Its oder Karteikarten die Störungen und Zeitdiebe, die bei diesen Tätigkeiten typischerweise auftreten. Beziehen Sie dabei alle Ihre Lebensbereiche mit ein: vom Studium über den Haushalt bis hin zu sozialen Beziehungen. Ergänzend oder alternativ können Sie auch an mehreren Tagen die im Tagesverlauf auftretenden Störungen und Zeitdiebe mitprotokollieren. Manchmal erscheinen uns bestimmte Umstände als gegeben, kosten uns aber viel Zeit und Energie (z. B. der Unordnung der Mitbewohner immer wieder hinterherräumen oder Pendelzeiten). Auch diese scheinbar unlösbaren Zeitdiebe nehmen Sie in Ihre Liste mit auf. Verschaffen Sie sich nun einen Überblick über alle Post-Its bzw. Karten. Versuchen Sie eine Reihung zu erstellen, welche Störungen und Zeitdiebe am häufigsten auftreten oder Sie am meisten negativ beeinflussen. Evt. gibt es auch Störungen, die mit anderen Störungen verknüpft sind: wenn Sie diese zentralen Störungen beheben können, verhindern oder vermindern Sie damit gleich zwei oder drei weitere Störungen. Treffen Sie anschließend eine Auswahl von 3–6 Störungen, die Sie konkret angehen wollen.

Beim Umgang mit diesen Störungen können Sie zwei verschiedene Strategien wählen: zum einen die Eintrittswahrscheinlichkeit einer Störung verringern, zum anderen den Schaden bzw. die Auswirkung der Störung reduzieren. Nehmen wir als Beispiel etwa die Pendelzeit zur Hochschule. Eine Möglichkeit ist durch eine kluge Veranstaltungswahl oder Terminierung von Gruppenarbeiten die Anzahl der Pendelstrecken pro Woche zu reduzieren (= Verringerung der Eintrittswahrscheinlichkeit). Eine andere Möglichkeit ist, die Pendelzeit für einen selbst sinnvoller zu gestalten: Wenn ich die Pendelzeit bewusst als Lernoder Entspannungszeit (statt als „verlorene" Zeit) nutzen kann, erlebe ich größere Zufriedenheit und kann meine eigene Effizienz steigern (= Verringerung der Auswirkung der Störung).

Nehmen Sie nun Ihre 3–6 Störungen in den Blick und entwickeln Sie individuell passende Lösungsmöglichkeiten. Werden Sie dabei ruhig kreativ! Die Methoden aus Abschn. 3.2 und 4.3.3 können Sie bei der Umsetzung Ihrer Lösungen unterstützen.

Die Analyse und Beseitigung solcher Störungen und Zeitdiebe zahlen sich mehrfach aus. Sie kommen so weg von einer „Feuerwehrarbeitshaltung", bei der Sie damit beschäftigt sind, alle kleineren und größeren Strohfeuer zu löschen, hin zu einem wesentlich ruhigeren Arbeitsfluss. Sie beschäftigen sich nun mit der Behebung von Ursachen und erleben sich als selbstwirksam und nicht, wie bei der Symptombekämpfung, als stets defizitär. Ihnen bleibt mehr Zeit, aber auch mehr Energie für die Dinge, die Ihnen wirklich wichtig sind, und Sie haben Ihre Prioritäten klarer vor Augen.

▶ **Tipp** So wichtig es ist, eine To-do-Liste zu führen, so wichtig ist es
auch, eine Not-to-do-Liste zu haben. Hängen Sie diese gut sichtbar
auf, sodass Sie im Blick haben, welchen Zeitdieben und Störfaktoren
Sie ab sofort keinen Raum mehr geben werden.

4.1.3 Die individuelle Leistungskurve

Wenn Sie am Ende eines Tages einmal auf den Tag zurückschauen, werden
Sie merken, dass Sie sich nicht zu jeder Uhrzeit gleich leistungsfähig gefühlt
haben. Die wissenschaftlichen Erkenntnisse der Chronobiologie (der biologische
Rhythmus, dem der Mensch unterliegt, quasi unsere innere Uhr) zeigen, dass
der Tag zwar immer 24 h hat, die einzelnen Stunden im Hinblick auf effizientes Arbeiten aber unterschiedlich ‚wertvoll' sind. Die meisten Menschen haben
am Vormittag zwischen 9 und 11 Uhr sowie am Nachmittag zwischen 16 und
17 Uhr eine Leistungshochphase, während sie am frühen Nachmittag (oft nach
dem Mittagessen) mit einem Leistungstief zu kämpfen haben. Die individuellen
Leistungskurven verschiedener Menschen variieren, die eigene Kurve der Leistungsfähigkeit über den Tagesverlauf ist jedoch verhältnismäßig konstant. Diesen
Umstand können wir uns zunutze machen. Zunächst müssen Sie Ihre eigene Leistungskurve näher kennenlernen. Notieren Sie sich über mehrere Tage hinweg
regelmäßig im Tagesverlauf Ihre wahrgenommene Leistungsfähigkeit. Mit diesen
Informationen können Sie Ihre eigene Leistungskurve ähnlich wie in Abb. 4.1
festhalten.

Die Kurve bietet Ihnen nun wichtige Hinweise für die sinnvolle Planung Ihrer
Arbeitstage. Jetzt wissen Sie, in welche Zeiten Sie sinnvoll kognitiv fordernde
und besonders wichtige Aufgaben (Leistungshoch-Zeiten) bzw. Routineaufgaben
oder Freizeitbeschäftigungen (Leistungstief-Zeiten) legen können.

▶ **Tipp** Wenn Sie für sich herausgefunden haben, mit welchen Tätigkeiten Sie bewusst entspannen und Energie tanken können, können
Sie die Tiefzeiten auch in ihrer Länge und Tiefe reduzieren. So tanken Sie mit einer 10 minütigen Yoga-Einheit oft schneller auf als mit
30 min Handynutzung. Wenn wir nicht mehr genug Energie haben,
unsere Freizeit für uns sinnhaft zu gestalten, kann das auch ein Zei-
chen dafür sein, dass wir uns bereits zu viel verausgabt haben und
uns eine Pause zu einem früheren Zeitpunkt gutgetan hätte.

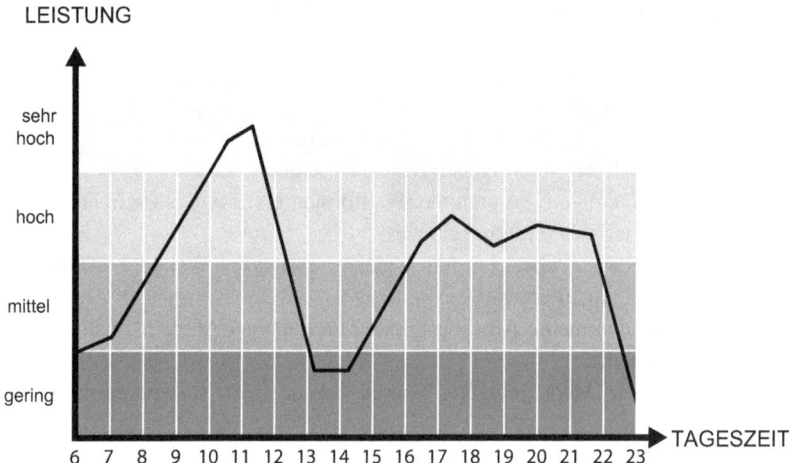

Abb. 4.1 Beispiel für eine Tagesleistungskurve

4.1.4 Umgang mit digitalen Medien

Mit hoher Wahrscheinlichkeit haben Sie „Handynutzung" als einen Zeitdieb im Abschn. 4.1.2 identifiziert. Das überrascht nicht: digitale Medienangebote und speziell soziale Medien wie Instagram, Twitter und Co. sind so designed, dass sie möglichst viel Aufmerksamkeit, im Sinne von Screentime, von Nutzenden bekommen. Die Tatsache, dass wir dem Smartphone viel Zeit widmen, ist also nicht primär eine individuelle Schwäche, sondern vielmehr das Ausnutzen menschlicher Denk- und Verhaltensweisen durch Software- und Plattformanbieter. Einen schönen Ein- und Überblick über die Thematik bietet die Netflix Dokumentation „The social dilemma" (Orlowski, 2020). Deshalb ist es auch nicht überraschend, dass viele Studierende das Smartphone 3–5 h am Tag benutzen. Diese Nutzung reduziert zum einen das individuell verfügbare Zeitbudget und führt zum anderen zu regelmäßigen Unterbrechungen, da nicht selten 100 mal oder sogar öfters am Tag das Smartphone gecheckt wird. Insbesondere während Arbeitsphasen hat dieses Verhalten äußert negative Auswirkungen auf die Arbeitseffizienz, da nach jeder (noch so kurzen) Ablenkung die Konzentration wieder neu aufgebaut werden muss („Sägeblatteffekt"). Dieser Neuaufbau kostet Motivation, Energie und Zeit, die dann bei der Bewältigung der Aufgabe fehlen.

Die Folge ist, dass man zwar viel Zeit für eine Aufgabe investiert, das angestrebte Ergebnis jedoch nicht erreicht.

Ein gesunder Umgang mit digitalen Medien setzt zunächst eine fundierte Analyse des status quo voraus:

- Wie lange nutze ich Smartphone, Tablet, PC etc. pro Tag?
- Welche Anwendungen, Programme, Plattformen etc. nutze ich wie lang? Wie zufrieden bin ich mit diesem Zeitinvest?
- Wie regelmäßig checke ich mein Handy? Welche Ablenkungen/Unterbrechungen ergeben sich daraus?
- Inwiefern werden meine Arbeitsprozesse durch meinen Medienkonsum unterstützt oder gestört?
- Gibt mir meine Mediennutzung Energie/Freude oder beeinträchtigt sie sie eher?

Beim Tracken der Mediennutzung können auch spezielle Apps oder Angebote der Betriebssystemhersteller (z. B. Apple Screen Time oder Google Digital Balance) unterstützen.

Aufbauend auf der Analyse Ihrer individuellen Situation gibt es verschiedene Strategien, die Sie bei einer sinnvollen Mediennutzung unterstützen können:

- Schalten Sie Pop-Up Benachrichtigungen aus, um die Anzahl der Unterbrechungen zu reduzieren.
- Lernen Sie, nicht erreichbar zu sein. Definieren Sie Zeitfenster, in denen Sie bewusst nicht erreichbar sind und schalten Sie Geräte oder Apps in dieser Zeit ab. Manchmal bietet es sich an, diese Zeitfenster auch Ihrem Umfeld zu kommunizieren. Die Appdesigns arbeiten gezielt mit dem sogenannten FOMO – Effekt (Fear of missing out): der Angst, etwas zu verpassen und daher dauerhaft online sein zu wollen. Machen Sie sich diese Mechanismen bewusst, um Ihren eigenen Umgang damit zu finden.
- Prüfen Sie, welche Art von Medien(konsum) Ihnen gut tut bzw. Sie belastet. Löschen Sie ggf. Apps oder Konten, um Veränderungen in Ihrer Mediennutzung zu unterstützen.
- Nutzen Sie soziale und technische Möglichkeiten, um die Mediennutzung zu reduzieren: Bspw. Arbeiten in der Bibliothek, das Smartphone für bestimmte Zeit in die Obhut der Mitbewohnerin geben, das W-LAN abschalten, Blockingoder Konzentrations Apps nutzen (z. B. Forest, RescueTime oder Serene).
- Planen Sie bewusst Medienzeiten nach der Beendigung von Aufgaben oder Arbeitsphasen ein (vgl. hierzu auch Abschn. 4.3.2).

4.2 Die Planung und Strukturierung des Arbeitsalltags

Die Klarheit über eigene Ziele und die zur Erreichung derselben zu erledigenden Aufgaben (vgl. hierzu auch Abschn. 3.1) sind wichtige Voraussetzung für eine sinnvolle Tages- und Wochenplanung. Neben den aus den eigenen Zielen abgeleiteten Aufgaben werden an jeden von uns im Alltag zahlreiche Aufgaben von außen herangetragen (z. B. Bitten um Unterstützung, Steuererklärung, Bedürfnisse von Freunden und Familie) oder entstehen aus Alltagsnotwendigkeiten (z. B. Einkaufen gehen, Essen zubereiten, das Fahrrad reparieren). Dadurch sind wir oft mit einer Fülle von Aufgaben konfrontiert, die uns in der Planung und Ausführung überfordern. Im Folgenden stellen wir Ihnen deshalb drei Methoden vor, die Ihnen helfen können, Ihre Aufgaben strukturiert und für Sie sinnhaft anzugehen. Ziel aller Methoden ist es, sich selbst besser durch den Alltag zu führen und Ordnung in eine vielleicht als chaotisch erlebte To-do-Liste zu bringen.

4.2.1 Die ALPEN Methode zur Planung nutzen

Wenn es in eine neue Woche oder einen neuen Arbeitstag geht lohnt es sich bei der Planung methodisch und strukturiert vorzugehen. Eine hierfür geeignete einfache Methode ist die ALPEN Methode. Das Akronym ALPEN steht für die verschiedenen Schritte im Planungsprozess:

1. **A = Aufgaben und Termine:** Notieren Sie alle Aufgaben und Termine, die Sie im Planungszeitraum (z. B. Woche oder nächster Tag) zu erledigen haben. Wichtig ist es dabei, einen möglichst umfassenden Überblick zu erhalten: Neben regelmäßigen Terminen (wie etwa Lehrveranstaltungen) können Sie hierzu auch einen Blick auf Ihre aus den SMART definierten Zielen abgeleitete To-do-Liste werfen (Abschn. 3.1).
2. **L = Länge der Aktivitäten abschätzen:** Notieren Sie zu jeder Aufgabe den Zeitbedarf, der benötigt wird. Wichtig ist hier, den Zeitaufwand möglichst realistisch zu kalkulieren. Umso kleiner Sie Aufgabenpakte packen, desto akkurater ist in der Regel die Einschätzung der Dauer.
3. **P = Pufferzeiten berücksichtigen:** Kalkulieren Sie Pufferzeiten für Unvorhergesehenes oder ungenaue Zeitschätzungen ein. Zum Anfang ist ein Verhältnis von Puffer zu verplanter Zeit von 40:60 ein guter Startwert. Mit zunehmender Routine erkennen Sie, welches Verhältnis für Sie und Ihre Arbeitsbedingungen am besten geeignet ist.

4. **E = Entscheidungen treffen:** Unter Umständen stehen mehr Aufgaben auf der To-do-Liste, als Zeit zur Verfügung steht. Treffen Sie jetzt die Entscheidung, welchen Aufgaben Sie Priorität geben. Hier lohnt ein Abgleich mit den von Ihnen formulierten mittelfristigen Zielen (oder auch ein Einsatz der im Abschn. 4.2.2 vorgestellten Eisenhower Methode).

5. **N = Nachkontrolle:** Resümieren Sie am Ende des Arbeitstages bzw. der Arbeitswoche, inwieweit Sie Ihre Planung umsetzen konnten. Ergänzen Sie die To-do-Liste um neue Punkte bzw. streichen Sie die erledigten Aufgaben. Überlegen Sie auch, warum einzelne Aufgaben ggf. nicht erledigt werden konnten und verbessern Sie mit diesem Wissen Ihre Planungs- und Arbeitsprozesse.

4.2.2 Prioritäten setzen mit der Eisenhower Methode

Bereits bei der ALPEN Methode (Abschn. 4.2.1) begegnete uns die Herausforderung, dass die To-do-Liste oft zu voll ist für die zur Verfügung stehende Zeit. D. h. es müssen Entscheidungen über Prioritäten getroffen werden.

Hier hilft uns die Eisenhower Methode. Für diese einfache Methode wird eine 2×2 Matrix (vgl. Abb. 4.2) erstellt, in der Aufgaben nach ihrer Dringlichkeit (gering/hoch) und Wichtigkeit (gering/hoch) eingeordnet werden. Je nach

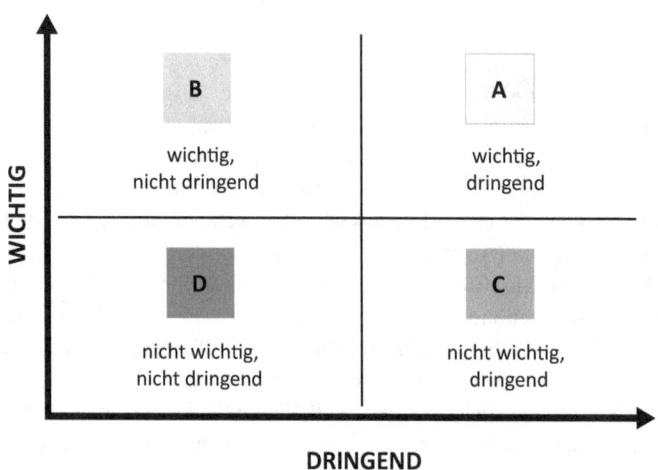

Abb. 4.2 Eisenhower Matrix

Grad der Wichtigkeit und Dringlichkeit ergeben sich damit vier Kategorien von Aufgaben mit unterschiedlicher Priorität:

- **A Aufgaben** (mit hoher Dringlichkeit und Wichtigkeit): Diese Aufgaben sollten Sie persönlich bearbeiten und mit höchster Priorität in Ihrer Planung berücksichtigen.
- **B Aufgaben** (mit hoher Wichtigkeit, die aber (noch nicht) dringlich sind): Diese Aufgaben sollten Sie sich fest für die kommenden Tage und Wochen (je nach Zeithorizont) einplanen.
- **C Aufgaben** (mit geringer Wichtigkeit für Sie selbst aber hoher Dringlichkeit): Diese Aufgaben können erledigt werden, wenn alle A Aufgaben eingeplant oder abgeschlossen sind.
- **D Aufgaben** (mit geringer Wichtigkeit und geringer Dringlichkeit): Bei diesen Aufgaben sollten Sie prüfen, ob Sie sie gegebenenfalls von Ihrer To-do-Liste streichen können. In jedem Fall sollten diese Aufgaben für Sie in Ihrer Planung die geringste Priorität haben.

Oft fühlt es sich so an, als ob wir von unseren Aufgaben vor uns hergetrieben werden und wir von Aufgabe zu Aufgabe hetzen. Die A Aufgaben (dringlich und wichtig) sitzen uns im Nacken und die C Aufgaben (dringlich aber nicht ganz so wichtig) möchten danach gleich bearbeitet werden. Dieses Gefühl, getrieben zu werden und nicht mehr hinterherzukommen, führt zu Stress und damit langfristig zu einem unproduktiven und als unbefriedigend erlebten Arbeiten/Lernen. Drehen Sie den Spieß einmal um! Nicht die Aufgaben bestimmen Ihr Tun, sondern Sie bestimmen, welchen Aufgaben Sie sich zuwenden wollen. Unterschätzen Sie daher nicht die Aufgaben der Kategorie B: diese Aufgaben sind meistens jene, die Sie Ihren übergeordneten Zielen näherbringen, die wir aber gerne immer weiter verschieben, da sie in der Dringlichkeitsliste noch nicht weit oben auftauchen.

Stellen Sie sich folgendes Beispiel vor: Auf Dunjas To-do-Liste stehen folgende Aufgaben: Abgabe Hausarbeit am Ende der Woche, Bewerbung um einen Praktikumsplatz in einer der kommenden Semesterferien bei ihrem Traumarbeitgeber, Toilettenpapier nachkaufen, die Schublade rechts unten im Schreibtisch ausmisten. Beantworten Sie sich ehrlich die Frage, in welcher Reihenfolge Sie diese vier Aufgaben ohne die Eisenhower Methode angehen würden? Dunja geht nach dem Aufstehen erst einmal das Toilettenpapier einkaufen, so kommt sie raus und hat das Gefühl, schon etwas an dem Tag erledigt zu haben. Dann setzt sie sich an ihren Schreibtisch, um die Hausarbeit anzufangen. Dabei fällt ihr auf, dass sie sich viel besser konzentrieren könnte, wenn die untere Schublade ausgemistet wäre und ihr das ein besseres Gefühl beim Arbeiten geben würde. Sie

fängt an in den dort gelagerten alten Unterlagen, Postkarten und Briefen zu stö-
bern. Als sie wieder auf die Uhr blickt, gerät sie in Stress, da sie merkt, wie
wenig Zeit ihr für die Hausarbeit noch bleibt. Sie ist unzufrieden mit sich. Für
die Praktikumsbewerbung bleibt keine Zeit mehr.

Nach dem Einsatz der Eisenhower Methode geht Dunja ganz anders vor: Sie
kategorisiert ihre Aufgaben in die vier Kategorien (Hausarbeit: A, Bewerbung
Praktikum: B, Toilettenpapier: C, Ausmisten: D) und führt sich selbst so besser
durch den Tag, da die Priorisierung ihr hilft, sich auf die wesentlichen Punkte
zu konzentrieren. Wie das Beispiel zeigt empfiehlt es sich, sich feste Zeitslots
für die Aufgaben der Kategorie B zu reservieren, da diese für die persönliche
Entwicklung so wichtigen Aufgaben sonst oft von Aufgaben der Kategorie C
und D verdrängt werden.

4.2.3 Wochen- und Tagespläne

Mit der ALPEN Methode (Abschn. 4.2.1) und der Eisenhower Methode
(Abschn. 4.2.2) haben Sie Tools an die Hand bekommen, wie Sie sich eine Über-
sicht über Ihre Aufgaben machen können. Wochen- und Tagespläne helfen, diese
Tätigkeiten nun realistisch und sinnvoll über die vorhandene Zeit zu verteilen.
Dabei sollten auch nicht verschiebbare Termine (z. B. Lehrveranstaltungen) sowie
die individuelle Leistungskurve (Abschn. 4.1.3) berücksichtig werden.

Nehmen wir Dunjas Aufgaben (aus Abschn. 4.2.2) und planen diese nun
beispielhaft in einen Arbeitstag ein (Tab. 4.1).

Ebenso kann ein Plan für eine ganze Woche helfen, einen guten Überblick
über die zu bearbeitenden Aufgaben zu bekommen und diese abhängig von der
eigenen Leistungskurve und Vorlieben über die Woche zu verteilen. Bei der Planung und Abarbeitung orientieren wir uns – gerade in stressigen Zeiten – oft
alleine auf die „To-dos". Ein Wochenplan kann uns aber auch dabei unterstützen,
die „To-enjoy" Liste in den Blick zu nehmen und über die Woche angenehme
Tätigkeiten einzuplanen und so eine gute Balance zwischen Pflichten und Freizeit
hinzubekommen.

Das konkrete Vorgehen zur Erstellung eines Wochenplans kann folgenderma-
ßen aussehen:

1. Notieren Sie zuerst die fixen Termine der Woche (Vorlesungen, Arzttermine,
   Geburtstagsfeier von Opa, Sprechstundentermin bei Ihrer Dozentin)

Tab. 4.1 Beispielhafter Tagesplan

Uhrzeit	Tätigkeit/Aufgaben
08:00	Aufstehen und Morgenroutine (vgl. Abschn. 4.3.1)
09:00	Hausarbeit Recherche (A Aufgabe)
10:00	Hausarbeit Recherche (15–20 min Pause) (A Aufgabe)
11:00	Hausarbeit Rohfassung (A Aufgabe)
12:00	Mittagspause
13:00	Bewerbung Praktikum: Lebenslauf aktualisieren (B Aufgabe)
14:00	Bewerbung Praktikum: Anschreiben formulieren (B Aufgabe)
15:00	Spaziergang zum Drogeriemarkt um Toilettenpapier zu kaufen (C Aufgabe)
16:00	Je nach Lust und Laune noch Schublade ausmisten (D Aufgabe)
17:00	Feierabend. Abendplanung: Treffen mit Freunden zum Abendessen
22:00	Schlafen

2. Definieren Sie Blöcke für Lern-/Arbeitsphasen, sonstige Tätigkeiten (Haushalt, Einkauf, Nebenjob, …) und Freizeit. Vergessen Sie auch nicht Schlaf, Essen und Pufferzeiten für unvorhergesehene Dinge einzuplanen.
3. Nehmen Sie eine Feinplanung der einzelnen Blöcke vor. Welche Aufgaben sollen konkret zu welchen Uhrzeiten und mit welcher Dauer ausgeführt werden.

Es ist nicht Ziel der Übung, dass Sie sich während der Woche pedantisch an Ihren Plan halten. Vielmehr kann der Plan Ihnen helfen, dass Sie die Woche allumfassend im Blick behalten und auch ein Gefühl dafür bekommen, wie viel Zeit bestimmte Dinge brauchen und wie oft wir zu viel in einen Tag/in eine Woche hineinquetschen, nur um am Ende des Tages mit uns unzufrieden zu sein, weil wir nicht alles geschafft haben. Die Erfahrung zeigt, dass es oft gar nicht zu schaffen ist, was man sich für einen Tag vornimmt. Kennzeichnen Sie in Ihrem Wochenplan Ihre Pflichten rot und Ihre angenehmen Tätigkeiten in grün. So bekommen Sie zusätzlich einen Überblick darüber, wie es um Ihre work-life Balance steht und ob es vielleicht vom einen oder dem anderen etwas mehr oder weniger braucht.

4.3 Effizient arbeiten

In der Einleitung wurde der Zusammenhang zwischen Effizienz und Effektivität erläutert (vgl. Abb. 1.1). In Abschn. 3.1 wurde beschrieben, wie Ziele sinnvoll definiert werden können. In Abschn. 4.2 wurde dargestellt, wie eine zweckmäßige Planung vorgenommen werden kann. In diesem Abschnitt wird nun erläutert, was unterstützen kann, um die verplanten Zeitblöcke möglichst effizient zu nutzen. Zunächst geht es darum, den richtigen Rahmen für effizientes Arbeiten zu setzen und in Lern- und Arbeitslaune zu kommen. Anschließend lernen Sie mit der Pomodorotechnik und der WOOP-Methode zwei Ansätze kennen, Ihre Arbeitsprozesse effizienter zu gestalten.

4.3.1 In Lern- und Arbeitslaune kommen

In der Einleitung zu Kap. 4 wurde thematisiert, dass der Übergang von der Planung einer Handlung (z. B. eine Vorlesung nachbereiten) zur Ausführung nicht immer reibungslos verläuft. Eine gute Arbeitsatmosphäre und „Lernlaune" tragen dazu bei, die Hürde für die Ausführung zu senken. Im Folgenden wollen wir gemeinsam einige Punkte näher betrachten, die Sie dabei unterstützen können, in Lernlaune zu kommen und zu bleiben.

Den Arbeitsplatz gestalten

Beginnen wir mit einem kleinen Gedankenexperiment: stellen Sie sich vor, Sie fahren in den Urlaub und dürfen sich aussuchen, wohin die Reise gehen und wie Ihr Urlaubsdomizil aussehen soll. Mit sehr hoher Wahrscheinlichkeit werden Sie einen Ort und eine Umgebung wählen, die Sie mit Attributen wie „schön", „Idylle" oder „Erholung" verbinden. Schauen Sie sich nun einmal an Ihrem Arbeitsplatz um. An diesem verbringen Sie zu Semesterzeiten, zumindest in den Lernphasen, viel Zeit. Lädt er zum Lernen ein, so wie Ihr Urlaubsort zum Entspannen einlädt? Haben Sie auch hier ein attraktives Umfeld und alles, was Sie zum Lernen brauchen? Wie stellen Sie sich – analog zum Urlaubsziel – Ihren optimalen Lernplatz vor?

Sie dürfen (und sollten) sich gerne an Ihrem Arbeitsplatz aufhalten. Deshalb sollten Sie auch Zeit, Energie und Kreativität in das Finden und in die Gestaltung dieses Platzes investieren. Wichtige Merkmale eines guten Arbeitsplatzes sind regelmäßig frische Luft, helle Beleuchtung, ein bequemer Stuhl und wenig Ablenkung. Gerade im Hinblick auf den letzten Punkt kann es auch sinnvoll sein, bewusst einen Arbeitsplatz außerhalb der eigenen Wohnung zu wählen. Vielleicht mögen Sie einmal die Bibliothek als Arbeitsort ausprobieren? Bibliotheken sind dazu gemacht, sich in ihnen zu konzentrieren und helfen Ihnen, sich in eine ruhige, fokussierte Arbeitshaltung zu bringen. Dabei muss es nicht zwingend die Hochschulbibliothek sein, auch städtische Bibliotheken bieten häufig kostenlose wohnortnahe Arbeitsplätze an. Dort haben Sie kein Netflix-Sofa, was sie einlädt darauf Platz zu nehmen, keine WG-MitbewohnerInnen oder Familienmitglieder, die Sie ablenken. Stattdessen Ruhe und Konzentration. Und am Abend hilft der bewusste Ortswechsel von Arbeit (in der Bibliothek) zu Freizeit (zu Hause), schneller in die Entspannung zu kommen.

Perspektivwechsel

Lernen wird meistens mit eher negativen Assoziationen verbunden: es ist anstrengend, kostet Zeit und erfordert viel Disziplin von uns, da wir nicht sofort eine Belohnung dafür bekommen. Helfen Sie sich selbst, in dem Sie einen Perspektivwechsel versuchen: Sie kennen aus den vorangegangenen Kapiteln bereits Ihre langfristigen Ziele und Werte (vgl. Kap. 2 und 3). Sie haben Ihre Insel der Erkenntnis (Abschn. 2.2) gestaltet und ein Motto-Ziel (Abschn. 3.2) gefunden, welches Ihnen aus dem Herzen spricht. Visualisieren Sie dieses an Ihrem Arbeitsplatz. Hängen Sie die Insel der Erkenntnis an Ihre Pinnwand, stellen Sie sich eine Postkarte auf den Schreibtisch, die Sie motiviert und daran erinnert, wofür Sie studieren und lernen. Auch Ihr leicht einsehbar aufgehängter Wochenplan (Abschn. 4.2.3) kann Ihnen helfen, zu sehen, dass es noch andere Dinge in Ihrem Leben gibt als Lernen und dass am Abend oder am Wochenende noch andere Aktivitäten auf Sie warten.

Routinen und Rituale

Menschen lieben Gewohnheiten: Sie sparen uns Energie und helfen uns im Alltag auch Ungeliebtes regelmäßig umzusetzen. Eine immer gleiche Morgenroutine erleichtert es Ihnen, in den Tag zu starten und auf Betriebstemperatur zu kommen. Bündeln Sie kleine Routinepäckchen wie „Aufstehen um 7 Uhr, 15 Min Bewegung am Morgen, duschen und eine Schale Müsli" und sparen Sie damit Ihrem Gehirn Arbeitskapazität, die Sie später am Tag noch brauchen können.

Genauso erleichtern uns auch kleine Rituale das Lernen und das Würdigen von bereits Geschafftem. Das kann die Tasse Tee am Morgen sein, mit der Sie immer die erste Lerneinheit beginnen, oder das Telefonat mit der besten Freundin in der Mittagspause, mit dem Sie sich für einen erfolgreichen Vormittag belohnen. Nach jedem durchgearbeiteten Kapitel einmal den momentanen Lieblingssong hören und durch die Wohnung tanzen? Sie entscheiden, was Sie brauchen, um kleine Erfolge zu feiern und sich zu motivieren.

Erholung

Planen Sie konsequent Pausen ein. Sie sind beinahe der wichtigste Teil vom Lernen. In den Pausen verarbeitet Ihr Gehirn das Gelernte. Je konsequenter Sie auf Pausen achten und diese frühzeitig machen, desto länger bleiben Sie konzentriert (siehe auch Abschn. 4.3.2). Machen Sie, wann immer möglich, bewusst Feierabend. So wie die Pausen am Tag hilft das Abschalten am Abend, Ihre Gedanken zu sortieren und die Energietanks mit positiven Aktivitäten aufzuladen. Nicht zuletzt stellt auch der Schlaf eine wichtige Pause da. Achten Sie daher auch in den stressigsten Lernphasen auf ausreichend Schlaf. Er hat eine wichtige Erholungsfunktion und bringt Ihnen über Nacht Energie für den nächsten Tag.

Grundbedürfnisse

Neben Schlaf verzichten wir in anstrengenden Arbeits- und Lernphasen häufig auf gesunde Ernährung und Bewegung. Achten Sie darauf, dass Sie ausreichend und gesund essen, stellen Sie sich lieber Apfelschnitze und Cocktailtomaten auf den Schreibtisch statt der Tafel Schokolade.

Planen Sie außerdem bewusst Bewegung in Ihren Tagesplan mit ein: z. B. den Spaziergang um den Block in der Mittagspause oder eine abendliche Joggingrunde. Gerade dann, wenn gefühlt keine Zeit für Bewegung bleibt, ist sie immens wichtig.

Behalten Sie Ihre Teilerfolge im Auge

Jedes Ziel, jede Aufgabe lässt sich in kleinere Aufgaben zerlegen und jeder erfolgreich absolvierte Schritt ist wichtig. Behalten Sie daher auch die kleineren Teilerfolge im Auge. Das erste Kapitel einer Hausarbeit ist geschrieben? Super, Sie haben angefangen! Der Plan für das Semester steht? Ohne Plan geht nichts, das Grundgerüst steht! Sie haben Ihren Lebenslauf auf den aktuellen Stand gebracht? Ein wichtiger Teil der Bewerbung ist fertig! Freuen Sie sich bewusst über diese Teilerfolge und würdigen Sie sie. Daraus können Sie Energie und Motivation für die Bewältigung der nächsten Schritte ziehen.

Manchmal ist weniger mehr

An manchen Tagen sitzt man am Schreibtisch und nichts geht. Zwingen Sie sich dann nicht, sitzen zu bleiben; das macht oft nichts besser. Solange es sich nicht um ein häufiger vorkommendes Aufschiebeverhalten handelt, gönnen Sie sich eine Pause oder erledigen Sie eine Aufgabe, die Ihnen gerade leichter von der Hand geht. Lösen Sie sich von dem Trugschluss, dass viel auch immer gleich besser bedeutet: eine ausgeruhte, konzentrierte, kürzere Lernphase bringt oft mehr als ein unkonzentriert am Schreibtisch verbrachter ganzer Tag, an dem man vergisst, sich selbst etwas Gutes zu tun. Die mit der Bewältigung einer Aufgabe verbrachte Zeit ist nicht automatisch ein Indikator für die Qualität des Ergebnisses!

4.3.2 Pomodoro Technik

Tagespläne (vgl. Abschn. 4.2.3) enthalten oft längere Zeitslots, denen eine Aufgabe zugeordnet wird. Diese Slots benötigen oftmals eine weitere Feinstrukturierung, um effizient arbeiten zu können. Dabei unterstützt die Pomodoro Technik. Sie eignet sich insbesondere für Aufgaben, für die Sie sich auf den ersten Blick nicht begeistern können und die keiner großen Einarbeitungszeit bedürfen (z. B. Vorlesungsfolien zusammenfassen). Die Technik beruht darauf, dass Sie in vorgegebenen Zeitintervallen (je nach Ihrer Leistungsfähigkeit 20–30 min) konzentriert, störungsfrei und zielorientiert arbeiten. Schauen Sie auf Ihren Tagesplan, welche Aufgabe ansteht, oder wählen Sie von Ihrer To-do-Liste eine Aufgabe aus, die Sie in den kommenden 1–2 h abschließen können. Gegebenenfalls müssen Sie die Aufgaben der To-do-Liste dafür auch in Teilschritte oder Teilaufgaben zerlegen. Notieren Sie sich kurz, was Sie für das Erledigen der Aufgabe tun müssen, und legen Sie sich das notwendige Arbeitsmaterial bereit. Stellen Sie sich nun einen Wecker auf Ihr bevorzugtes Intervall und legen Sie los. Versuchen Sie proaktiv Störungen während des Intervalls zu vermeiden (z. B. durch Ausschalten des Handys). Nach jedem Intervall haken Sie ab, welche Teilaufgaben erfolgreich erledigt worden sind, und prüfen, welche Aufgaben für das kommende Intervall anstehen. Zwischen den Intervallen machen Sie jeweils eine Pause von fünf Minuten. Nach 3–4 Intervallen lohnt es sich, eine längere Pause (z. B. 30 min) einzulegen. Die angegebenen Zeiten sind gute Startwerte für AnfängerInnen in der Methode.

▶ **Tipp** Reflektieren Sie Ihre Erfahrungen, bei welchen Aufgabentypen Ihnen diese strukturierte Vorgehensweise hilft und welche Intervalllänge für Sie passend ist. Passen Sie dann die Methode für sich dementsprechend an.

4.3.3 WOOP Methode

Lange Zeit war man der Überzeugung, dass das Vorstellen des attraktiven Endergebnisses einer Planung (z. B. die Erleichterung nach einer erfolgreich abgeschlossenen Klausur) ausreichen würde, um genug Motivation zu finden, die Planung auch umzusetzen. Dieser Mythos wird auch noch in vielen Ratgebern munter gestreut. Die neuere Forschung zeigt dagegen, dass positives Denken alleine nicht ausreicht (Oettingen, 2015). Vielmehr kann das intensive Hineindenken in das positive Endergebnis sogar das Aktivitätsniveau senken – man bleibt quasi tagträumend im Sessel sitzen, statt die Planung umzusetzen. An dieser Problematik setzt die WOOP Methode (Oettingen, 2015) an, die nachhaltig die Erreichung der eigenen gesteckten Ziele unterstützt. Die Methode eignet sich sowohl für kurz- als auch für langfristige Ziele. WOOP basiert auf einem sogenannten „Wenn-Dann-Plan", bei dem schon im Vorfeld für vermutlich auftretende Hindernisse Lösungen entwickelt werden. Das Akronym WOOP steht dabei für die vier Bereiche Wish (Wunsch), Outcome (Ergebnis), Obstacle (Hindernis) und Plan (Plan). Damit WOOP funktioniert muss das angestrebte Ziel realistisch erreichbar sein. Zudem müssen Sie davon überzeugt sein, dass Sie das Ziel auch erreichen können. Positives Feedback von anderen kann dazu beitragen, Ihre Zuversicht im Hinblick auf die Zielerreichung zu verstärken (z. B. wenn KommilitonInnen Ihnen zutrauen die Klausur zu meistern).

Neben dem Ziel werden bei WOOP auch die Hindernisse auf dem Weg adressiert. Hier ist es wichtig, dass Sie sich mit den wirklichen Hindernissen und nicht nur deren Symptomen auseinandersetzen. Ähnlich wie bei den Motto-Zielen (Abschn. 3.2) arbeitet man bei der WOOP Methode sehr stark intuitiv. Suchen Sie sich für die Durchführung deshalb einen ruhigen Ort, an dem Sie konzentriert und ungestört nachdenken können. Bei der erstmaligen Anwendung von WOOP sollten Sie etwa fünfzehn Minuten Zeit einplanen.

Die Durchführung folgt einem festen Ablauf:

1. Sie beginnen mit dem **Wunsch** (Wish), Ihrem speziellen Anliegen. Nehmen Sie sich einen Augenblick Zeit und denken Sie nach, welche erfüllbaren Wünsche und Ziele aus dem Privatleben oder Studium Sie gerade beschäftigen. Konzentrieren Sie sich dabei auf Wünsche, die innerhalb eines konkreten Zeitraums (etwa ein Tag, eine Woche, ein Monat oder ein Semester) realisierbar sind. Wenn Ihnen mehrere Wünsche in den Kopf kommen, sammeln Sie sie und wählen den Wichtigsten aus.
2. Stellen Sie sich jetzt das mit dem Erreichen des Wunsches verbundene positive **Ergebnis** (Outcome) vor. Was sind die bestmöglichen Folgen, die Sie sich vom Erreichen des Wunsches versprechen? Stellen Sie sich das Ergebnis und die Folgen möglichst plastisch vor, damit Sie sie so lebendig wie möglich vor Augen haben. Wenn Sie das Ergebnis oder die Ergebnisse des Wunsches ausführlich imaginiert haben, können Sie zum nächsten Schritt übergehen.

3. Im dritten Schritt wenden Sie sich dem **Hindernis** (Obstacle) zu, das der
   Erfüllung des Wunsches im Wege steht. Überlegen Sie, was Sie an der Umsetzung des Wunsches hindert. Was hält Sie davon ab zu handeln bzw. welche
   Stolpersteine liegen auf Ihrem Weg? Welche Gedanken, Routinen oder Verhaltensweisen spielen dabei eine Rolle? Oftmals neigen wir dazu, die Hindernisse
   zu externalisieren. D. h. äußere Umstände oder Personen als maßgebliche
   Blockaden wahrzunehmen. Da wir aber im ersten Schritt einen erfüllbaren
   Wunsch in den Blick genommen haben, ist klar, dass externe Faktoren uns
   nicht am Erfüllen des Wunsches hindern können. Vielmehr müssen wir uns
   selbst und das eigene Handeln in den Blick nehmen. Wenn Sie die wahren
   Hindernisse erkennen wollen müssen Sie manchmal tief graben und nicht nur
   an der Oberfläche bleiben. Hindernisse können vielfältig sein: Angewohn-
   heiten, Emotionen, Reaktionsmuster etc. Beispiele wären etwa nach einer
   Serienfolge auf Netflix nicht auszuschalten und so nicht an die Arbeit zurück
   zu kommen oder ein tägliches Mittagstief. Die Suche nach den Hindernissen kann schnell und einfach oder anstrengend und langwierig sein. In den
   meisten Fällen erleben wir es jedoch als erleichternd, die persönlichen Hindernisse endlich identifiziert zu haben. In diesem Prozess kommt es oft auch
   zu Überraschungen und neuen Einsichten. Stellen Sie sich das Hindernis und
   die damit verbundenen Ereignisse möglichst konkret vor. Lassen Sie hier Ihren
   Gedanken (ähnlich wie in Schritt 2) nochmal freien Lauf.
4. Im vierten Schritt kommen wir zum konkreten **Plan** im Umgang mit dem
   Hindernis. Was können Sie tun, um auf das Hindernis zu reagieren und es
   zu überwinden? Sind Ihnen mehrere Ideen gekommen, so konzentrieren Sie
   sich zunächst auf die Vielversprechendsten. Stellen Sie sich dann vor, wann
   und wie das Hindernis auftauchen könnte und wie Ihnen Ihre entwickelte
   Lösung bei der Bewältigung hilft. Nutzen Sie dieses Bild um Ihren individuellen Wenn-Dann-Plan zu entwickeln: „Wenn Hindernis A auftaucht (ggf.
   mit wann und wo ergänzen), dann werde ich Verhalten oder Gedanken B
   anwenden". Beispielsweise: Wenn bei Netflix automatisch die nächste Folge
   startet, stehe ich auf, hole mir ein Glas Wasser und schalte dabei den Fernseher aus. Wichtig ist dabei, dass Sie für sich individuell passende Lösungen für
   Ihr Hindernis finden müssen (und keine Patentlösung für jeden Menschen).
5. Nehmen Sie sich abschließend ein Blatt Papier und halten Sie die Ergebnisse
   der einzelnen Schritte (stichpunktartig) fest.

Es lohnt sich den Wenn-Dann-Plan als Erinnerungshilfe in den Alltag zu integrieren. Überlegen Sie sich, wo/wann das Hindernis auftritt und wie Sie in dieser

Situation am besten an den Wenn-Dann-Plan erinnert werden können. So könnten Sie sich den oben beispielhaft beschriebenen Plan etwa neben den Fernseher hängen. In der Literatur (Oettingen, 2015) wird auch die Benutzung von Karten oder die WOOP-App für das einfache Festhalten der Ergebnisse eines WOOP Prozesses vorgeschlagen.

Den eigenen Weg finden

5

Gutes Selbstmanagement muss immer von einem selbst als „gut" bewertet werden. Das heißt es geht darum, individuell passende Vorgehensweisen und Methoden zu finden, die uns zufrieden und produktiv sein lassen. Gleichzeitig bedeutet es auch, dass man nicht einfach das Selbstmanagement anderer eins zu eins erfolgreich kopieren kann. Man muss eben den eigenen Weg finden. Dazu gehört zunächst einmal die Reflexion über eigene Stärken und Entwicklungspotenziale sowie die Offenheit für Neues. Der zweite Schritt ist das Ausprobieren, Anpassen und Weiterentwickeln von (neuen) Vorgehensweisen und Methoden. Bei beiden Schritten sollte Sie dieses Buch begleiten.

Das Weiterentwickeln und Anpassen des eigenen Selbstmanagements an immer wieder neue Lebensumstände ist ein lebenslanger Prozess. Nach Schritt eins und zwei kommt also noch ein ganzer Marathon. Für diesen Lauf wünschen wir Ihnen viel Erfolg. Sicherlich lohnt es sich, dabei hin und wieder einmal einen Blick in dieses Buch zu werfen und sich erinnern zu lassen oder bereits Bekanntes wieder neu zu entdecken.

© Der/die Autor(en), exklusiv lizenziert durch Springer Fachmedien
Wiesbaden GmbH, ein Teil von Springer Nature 2022
T. Seidl und S. Seidl, *Selbstmanagement im Studium,* essentials,
https://doi.org/10.1007/978-3-658-36362-8_5

Was Sie aus diesem *essential* mitnehmen können

- Eine kompakte Einführung in die unterschiedlichen Ebenen und Aspekte von Selbstmanagement
- Methoden und Ansätze zur Verbesserung Ihres eigenen Selbstmanagements
- Übungen und Reflexionshilfen

Literatur

Achtziger, A., & Gollwitzer, P., et al. (2009). Rubikonmodell der Handlungsphasen. In V. Brandstätter (Hrsg.), *Handbuch der Allgemeinen Psychologie: Motivation und Emotion* (S. 150–156). Hogrefe.

Hoff, E.-H., & Ewers, E. (2003). Zielkonflikte und Zielbalance. Berufliche und private Lebensgestaltung von Frauen, Männern und Paaren. In A. E. Abele, E.-H. Hoff, & H.-U. Hohner (Hrsg.), *Frauen und Männer in akademischen Professionen. Berufsverläufe und Berufserfolg* (S. 131–156). Asanger.

Kahler, T., & Kapers, H. (1974). The Miniskript. *Transactional Analysis Journal, 4*(1), 26–42.

Kaluza, G. (2004). *Stressbewältigung.* Springer.

Oettingen, G. (2015). *Die Psychologie des Gelingens.* Pattloch.

Orlowski, J. (Regie) (2020). *The social dilemma [Film].* Netflix.

Schaper, N. (2012). Fachgutachten zur Kompetenzorientierung in Studium und Lehre. https://www.hrk-nexus.de/fileadmin/redaktion/hrk-nexus/07-Downloads/07-02-Publikationen/fachgutachten_kompetenzorientierung.pdf. Zugegriffen: 9. Aug. 2020.

Sinek, S. (2011). *Start with why: How great leaders inspire everyone to take action.* Portfolio.

Storch, M. (2009). Motto-Ziele, S.M.A.R.T.-Ziele und Motivation. In B. Birgmeier (Hrsg.), *Coachingwissen. Denn sie wissen nicht, was sie tun?* (S. 183–205). VS Verlag.

Weisweiler, S., Dirscherl, B., & Braumandl, I. (2013). *Zeit- und Selbstmanagement. Ein Trainingsmanual – Module, Methoden, Materialien für Training und Coaching.* Springer.